AF545807

Nina Stögmüller

Adventkalender erzählen

Ein Lese- und Märchenbuch

Nina Stögmüller

Adventkalender erzählen

Ein Lese- und Märchenbuch

Inhalt

Vorwort

Liebe Leserinnen und Leser!

Nach meinen Märchenbüchern „Raunächte erzählen“ und „Mondnächte erzählen“ berichteten mir meine Leserinnen und Leser immer wieder, dass sie beim Lesen zur Ruhe kommen, dass sie damit den Alltag für kurze Zeit hinter sich lassen können und dabei voll und ganz in die Welt der Märchen eintauchen.

Das ist eine schöne Qualität, die Märchen seit Anbeginn der Zeit auszeichnet und die dafür gesorgt hat, dass Märchen, Sagen und Legenden nicht in Vergessenheit geraten sind. Seien es mündliche Überlieferungen, alte oder neue Geschichten. Märchen sind Nahrung für die Seele, und diese Seelennahrung wünschen sich viele Menschen vor allem rund um Weihnachten. So kam ich auf die Idee, mit diesem Adventkalenderbuch auf einfache Art und Weise einen kleinen Beitrag zu leisten, die Vorweihnachtszeit etwas besinnlicher zu gestalten.

Dieses Buch enthält zwei Märchenadventkalender – einen für Kinder und einen für Erwachsene –, die dazu einladen, sich jeden Tag ein wenig Zeit zu nehmen, um sich und vielleicht auch gleich die ganze Familie auf Weihnachten vorzubereiten.

Zu Beginn des Buches befinden sich in einem Sachbuchteil Informationen rund um weihnachtliches Brauchtum, zur Geschichte des Adventkalenders sowie zur Herkunft des Adventkranzes.

Sich in der Vorweihnachtszeit neben Weihnachtsfeiern, Geschenkekaufen und Keksebacken jeden Tag ein paar Minuten diesem Buch zu widmen, kann einen kleinen Beitrag dazu leisten, sich auf die Adventzeit einzustimmen und sich noch mehr auf Weihnachten zu freuen.

Ich wünsche Ihnen viel Freude beim Lesen, eine besinnliche Vorweihnachtszeit, viele märchenhafte, zauberhafte und magische Momente und vor allem ein wunderschönes Weihnachtsfest!

Ihre
Nina Stögmüller

Alle Jahre wieder …

„Alle Jahre wieder kommt das Christuskind auf die Erde nieder, wo wir Menschen sind“, diese schöne alte Liedzeile hat sich nicht verändert, das Weihnachtsfest aber schon. Das Fest der Feste hat nach wie vor einen großen Stellenwert in unserer Gesellschaft. Ursprünglich wurde die Geburt Christi gefeiert, heute ist Weihnachten vielfach zum Geschenkefest geworden. Die materielle Seite wurde in den vergangenen Jahrzehnten immer wichtiger. Dieser Aspekt von Weihnachten soll jedoch gar nicht negativ bewertet werden, sondern ist ein sichtbares Zeichen für unseren Wohlstand. Doch neben den unzähligen Weihnachtsangeboten im Außen wächst bei vielen der Wunsch, wieder mehr acht auf das Innenleben zugeben. Vor allem im Advent sind die Menschen bereit, sich wieder auf etwas „Heiliges“ einzulassen.

Die Adventzeit gibt uns jedes Jahr die Möglichkeit, sie als Vorbereitungszeit dafür zu nutzen, wieder mehr zu uns selbst zu finden, um uns bis Weihnachten vielleicht „wie neu geboren“ zu fühlen. Der Advent gilt auch als Fastenzeit, das wäre eine Möglichkeit, sich bewusst auf den Heiligen Abend vorzubreiten.

„Advent“ heißt „Ankunft“, und so können wir bis 24. Dezember auch dafür sorgen, dass nicht nur äußerlich – mit einem schön geschmückten Christbaum, gutem Essen und vielen Packerln – Weihnachten gefeiert wird, sondern dass wir dabei gleichzeitig wieder bei uns selbst ankommen. Dass wir uns zu Hause fühlen, dort, wo unser Christbaum steht.

Weihnachten ist das Fest der Liebe und der Familien, die Erwartungen an diesen einen Abend im Jahr sind oft sehr hoch. Doch die guten Gefühle kann man nicht kaufen, die sind selbst gemacht.

So kann man sich – und vielleicht auch seiner Familie – schon vor Weihnachten etwas Gutes tun, und beispielsweise die traditionellen Adventbräuche pflegen. Adventkranz, Adventkalender, die Barbarazweige, der Nikolaus und vieles mehr laden dazu ein, sich auf Weihnachten einzulassen und sich von Herzen zu freuen.

Im Kreis der Familie jeden Abend ein Märchen aus diesem Buch vorzulesen kann ebenfalls zu einer neuen vorweihnachtlichen Tradition werden. Aber auch wenn man sein Leben allein verbringt, ist es schön, diesen vorweihnachtlichen Brauch mit sich selbst zu zelebrieren. Eine kleine Geschichte am Tag, die uns daran erinnert, dass Weihnachten kommt. Einmal am Tag innehalten, zu sich kommen und sich besinnen. Ein schöner Brauch, der nicht nur in der Adventzeit gut tut.

Kleine Adventkalendergeschichte

Zu einem der jüngeren Adventbräuche zählt der Adventkalender. Die ersten Adventkalender wurden auch als „Nikolauskalender“ bezeichnet, denn sie fingen nicht am 1. Dezember zu zählen an, sondern erst am 6. Dezember. Manche frühen Adventkalender reichten sogar bis zum Dreikönigstag am 6. Jänner. Auch der heute handelsübliche Adventkalender deckt sich nicht mit der Adventzeit des Kirchenjahres, die alljährlich mit dem ersten Adventsonntag startet.

Aber beginnen wir bei der Geschichte des Adventkalenders. Oder besser noch bei seinem Namen. Die Adventbegleiter mit den 24 Türchen heißen in Österreich „Adventkalender“ und in Deutschland „Adventskalender“. So gering dieser Unterschied auch sein mag, so großen Wert legt jedes Land auf seine Schreibweise.

Der Adventkalender, wie wir ihn heute kennen, wurde um 1900 in Deutschland von einem Verleger erfunden, doch gab es schon lange vorher kreative Ideen, die demselben Zweck dienten. So gehörte es

zum Brauchtum, in katholischen Schulen jeden Tag im Advent einen Strohhalm in eine Krippe zu legen. Durch die Strohhalme sollte es das Jesuskindlein am 24. Dezember warm und weich haben. Dieser Brauch wurde auch gerne im Familienkreis praktiziert und ist mancherorts heute noch üblich.

Aus dem Rheinland und aus Niederösterreich sind uns sogenannte „Klausenhölzer" bekannt. Diese waren mit Kerben versehen, welche die Kinder einschnitzten, um Gebete und gute Taten zu dokumentieren. Die Klausenhölzer dienten als Vorbereitung auf den Gabenbringer Nikolaus.

Bis ins 16. Jahrhundert war es noch üblich, dass die Kinder die Geschenke am Nikolaustag bekamen. Kirchenreformator Martin Luther lehnte die Heiligenverehrung jedoch strikt ab und änderte den Geschenkebrauch. Die Bescherung wurde vom 6. Dezember auf Weihnachten verlegt und nun brachte der „heilige Christ", sprich „das Christkind" die Geschenke. So änderte sich im 16. Jahrhundert nicht nur der Termin des Gabenbringerfestes, sondern auch die Wartezeit auf das Fest der Feste. Denn zwischen 6. und 24. Dezember liegen 18 Tage, eine gefühlte Ewigkeit für Kinder, wenn es um das Warten auf das wichtigste Fest im Jahr geht.

„Wie lange dauert es denn noch bis Weihnachten?" Diese zentrale Frage war wohl einer der Auslöser, welche die Erwachsenen der damaligen Zeit kreativ werden ließ. Von der einfachen Zählhilfe mittels Kreidestrichen an der Tür bis zum heutigen Adventkalender hatten doch alle Aktivitäten denselben Sinn und Zweck: Den Kindern die Wartezeit bis Weihnachten zu veranschaulichen, ihnen ein Gefühl für Zeit zu geben und ihnen die Vorweihnachtszeit so angenehm und kurzweilig wie möglich zu gestalten. Diese neue Möglichkeit der Vorbereitung auf das Weihnachtsfest gefiel auch den Katholiken und so wurde die Adventkalender-Tradition schließlich zum allgemeinen Volksbrauchtum.

Aber nun wieder zurück zu den Ursprüngen des Adventkalenders, die sich bis ins 17. Jahrhundert zurückverfolgen lassen. Schon damals hängte man in religiösen protestantischen Familien im Dezember nach und nach 24 Bilder an die Wand. In ärmeren Familien gab es noch einfachere Varianten. Beispielsweise wurden, wie schon erwähnt, 24 Kreidestriche an die Tür gemalt. Jeden Tag wischte man einen Strich weg, so konnten die Kinder erkennen, wie viele Tage sie noch auf das Weihnachtsfest warten mussten. Die Zählhilfe eignete sich auch fabelhaft dafür, den Kindern auf einfache Art und Weise das Zählen beizubringen. Aber auch Adventkerzen waren beliebte Zeitwächter. Jeden Tag durfte die Kerze bis zu einer vorgezeichneten Markierung abbrennen, und das 24 Tage lang.

Der erste gedruckte Adventkalender stammt aus dem Jahr 1902. Eine evangelische Buchhandlung veröffentlichte diesen in Form einer Weihnachtsuhr für Kinder mit den Zahlen 13 bis 24 auf einem Ziffernblatt. Diese besondere Ausgestaltung erweiterte sich ab dem Jahr 1922 auf die Zahlen 1 bis 24. Als Erfinder des Adventkalenders, so wie wir ihn heute kennen, bezeichnete sich schließlich der Münchner Gerhard Lang. Er war Inhaber der „Druckerei und Lithographischen Kunstanstalt Reichhold und Lang“ und produzierte im Jahr 1903/04 in seinem Betrieb in Schwabing erstmals „ein reizendes Spielzeug“, „eine rechte Vorweihnachtsfreude, die den Kindern das Warten verkürzen sollte“.

Die Entstehungsgeschichte wurde so überliefert: Um ihm die Zeit bis Weihnachten zu versüßen, bekam Gerhard Lang als kleiner Junge von seiner Mutter in der Vorweihnachtszeit stets 24 Gebäckstücke (Wibbele), die sie auf einem Karton für ihn befestigt hatte. Diese Form der kindlichen Vorweihnachtsfreude inspirierte Lang wohl später, den ersten Adventkalender in Papierform für Kinder herauszubringen.

Der allererste Adventkalender aus dem Hause Lang trug den Titel „Im Lande des Christkinds“ und war eigentlich ein Bastelkalender. Er enthielt einen Bogen mit 24 Bildern zum Ausschneiden und

einen weiteren Bogen mit 24 Klebefeldern. Täglich durften die Kinder ein vorweihnachtliches Bildchen ausschneiden und im dafür vorgesehenen Feld einkleben.

So schrieb damals die Münchner Kulturzeitschrift *Charivari*: „Die wunderschönen poetischen Kalender sind mit großem Verständnis, was Kinderherzen beschäftigt, entworfen und ausgeführt."

Lang hatte noch viele weitere Ideen, die er zu Adventkalendern machte. Schon damals entstand ein „Christkindleinhaus zum Füllen mit Schokolade". Eine Machart des Adventkalenders, die sich bis heute großer Beliebtheit erfreut.

Und auch in dieser Zeit verstand man es bereits, die Menschen mit Worten auf Weihnachten einzustimmen. In einem Werbetext für die ersten Adventkalender heißt es: „Die Münchner-Advents-Kalender, überhaupt die ersten ihrer Art, zeichnen sich dadurch aus, dass sie nach Entwürfen namhafter Künstler gearbeitet sind, das Gemüt des Kindes besonders ansprechen und so recht den Zauber der bevorstehenden Weihnacht verbreiten. Sie sind farbenprächtig ausgeführt, gediegen ausgestattet und bleiben unerreicht in ihrem Ideenreichtum und ihrer Abwechslung."

Laut Erfinder Gerhard Lang dauerte es rund fünf Jahre, bis die Adventkalender in Deutschland bekannt wurden. Der Erste Weltkrieg bremste ihre Popularität, doch ab dem Jahr 1920 erlebte das „vorweihnachtliche Kinderspielzeug" einen wahren Höhenflug. Besonders die hinterklebten Adventkalender mit kleinen Fensterchen zum Öffnen kamen in dieser Zeit in Mode.

Doch die beliebte kindliche Vorweihnachtsfreude hatte noch eine Hürde zu nehmen. Während der NS-Zeit kam es zum Verbot von christlichen Symbolen und damit auch zum Verbot von Adventkalendern. Die Menschen behalfen sich in dieser Zeit häufig mit Selbstgemachtem. Vor allem die Adventkerze kam wieder vermehrt zum Einsatz.

Nach dem Zweiten Weltkrieg wurde der Adventkalender dann aber schnell populär. Immer mehr Verlage kamen auf die Idee, Adventkalender zu drucken. Bereits vor dem Ersten Weltkrieg hatte der deutsche E. Kaufmann Verlag seine Adventkalender nach England und Amerika exportiert. Nach dem Zweiten Weltkrieg wurden Lizenzen an Brasilien, England, Italien, Japan, Niederlande, Schweden und Amerika vergeben.

Das Adventkalenderangebot gestaltete sich immer bunter. Es entstanden Hänge-, Stell-, Abreiß- und Bastelkalender. Bald gab es spiralgebundene Büchlein mit 24 Geschichten oder 24 Bildchen, welche die Kinder Tag für Tag in einem Poster einkleben konnten. Der Fantasie der Verlage waren keine Grenzen gesetzt. Und natürlich wurde der Adventkalender auch bald als gängiges Werbemittel entdeckt.

Die bis heute beliebten Schokoladen-Adventkalender entstanden in den Sechzigerjahren. Diese süße Form des Adventkalenders wurde zum fixen Bestandteil der Vorweihnachtszeit. Heute bekommt man sie in jedem Supermarkt zu kaufen.

Wo kommt eigentlich der Adventkranz her?

Der Adventkranz ist ein relativ junger Adventbrauch. Sein Erfinder war ein evangelischer Theologe namens Johann Hinrich Wichern aus Norddeutschland. 1839 kam er auf die Idee, auf einem hölzernen Wagenrad Kerzen anzubringen. Inspiriert von seinen Zöglingen im „Rauhen Haus“ in Hamburg, bastelte er für die Waisenkinder im Advent etwas ganz Besonderes. Das „Rauhe Haus“ ist ein Heim für elternlose Kinder- und Jugendliche, das es heute noch gibt.

Immer wieder stellten ihm damals die Heimkinder die Frage, wie lange es denn noch dauern würde bis Weihnachten. Um den Kindern zu erklären, wie viele Tage es noch bis zum Heiligen Abend wären, befestigte der Pastor auf einem alten hölzernen Wagenrad kleine rote Kerzen für die Wochentage und große weiße Kerzen für die Adventsonntage. Der Kerzenkranz wurde im Waisenhaus aufgestellt, und jeden Tag durfte eines der Kinder eine weitere Kerze anzünden. So wussten die Kleinen, wie lange es noch dauern würde, bis das Christkind käme und lernten nebenbei auch noch spielerisch das Zählen. Der erste Adventkranz war also gleichzeitig auch einer der ersten Adventkalender. Erst rund 20 Jahre später kam Wichern auf den Gedanken, den „Adventkranz" auch noch mit Tannenzweigen und Bändern zu schmücken.

Pastor Wichern erzählte in der Kirche immer wieder von seiner neuen Idee für die Kinder zur Vorweihnachtszeit und so wurde der neue Adventbrauch schnell bekannt. Doch nicht nur seine geniale Adventkranz-Idee setzte sich fort, auch Wicherns Gedanke, verwaisten Kindern ein Zuhause zu geben, fand in der heutigen Diakonie, der sozialen Arbeit der Evangelischen Kirche, ihre Fortsetzung.

Immer mehr evangelische Gemeinden erfreuten sich an den Adventkränzen und schließlich fand dieser neue Adventbrauch ab 1925 auch Einzug in die katholischen Kirchen und Haushalte.

Dass auf unseren Adventkränzen heute nur noch vier Kerzen zu sehen sind, hat einen praktischen Grund. Kaum jemand hat den nötigen Platz, um sich ein Wagenrad mit 24 Kerzen in die Wohnung oder das Haus zu stellen. Und so erfreuen wir uns an einem grünen Kranz mit vier Kerzen, der uns daran erinnert, dass Weihnachten kommt.

Advent, eine Fastenzeit?

„Advent" bezeichnet die rund vier Wochen dauernde kirchliche Vorbereitungszeit auf den Heiligen Abend und leitet sich vom lateinischen Wort *advenire* (ankommen) ab. Die Ankunft des Herrn wird in diesem Zeitraum vorbereitet. Diese vier Wochen sollen vor allem der Besinnung dienen.

Die griechische Kirche kennt sowohl vor Ostern als auch vor Weihnachten eine 40-tägige Fastenzeit. Der Advent beginnt hier bereits am 14. November. Die römische Liturgie führte schließlich eine vierwöchige Adventzeit ein, die seit dem 11. Jahrhundert gebräuchlich ist. Der Adventbeginn ist gleichzeitig der Beginn eines neuen Kirchenjahres.

Violett ist die traditionelle Kirchenfarbe, die den Advent symbolisiert. Diese Farbe steht für Trauer und Buße. Der ursprüngliche Fastengedanke ist jedoch heute bereits vielerorts verloren gegangen; der traditionelle Weihnachtskarpfen erinnert noch an eine Zeit, in der für die Fastenzeit Fischgerichte vorgesehen waren. Der 24. Dezember war der höchste Fasttag, die weihnachtliche Freudenzeit begann erst am 25. Dezember und dauerte bis zum Dreikönigstag am 6. Jänner.

War früher die Adventzeit vor allem als Buß- und Fastenzeit bekannt, wird in dieser Zeit heutzutage das Weihnachtsfest sehr gerne vorgefeiert. Unzählige Weihnachtsfeiern finden bereits vor dem 24. Dezember statt, denn schließlich will man ja auch mit dem Sparverein und mit den Arbeitskolleginnen und -kollegen Weihnachten feiern.

Rorate-Messen

Zum kirchlichen Advent gehören die Rorate-Messen. Neben den Adventsonntagen werden einzelne Wochentage durch Rorate-Gottesdienste herausgehoben.

Warum diese Messen so heißen? Das Anfangswort des Eingangsverses der Bibelstelle Jes 45,8 lautet „Rorate“: „Rorate caeli desuper – Tauet, Himmel ...“

Der adventliche Kirchenbesuch in den frühen Morgenstunden hat eine lange Tradition. Seit dem 15. Jahrhundert sind Rorate-Ämter bekannt. In diesen Messen geht es um das Bitten und Warten auf den Erlöser. Vor der Liturgiereform des Zweiten Vatikanischen Konzils galten die Rorate-Messen als Bittmessen zu Ehren Marias. Diese Messen sind charakteristisch für den Advent und wurden früher auch durch szenische Darstellungen wie die Begegnung Marias mit dem Erzengel Gabriel untermalt.

Weihnachtsmärkte

Die ursprünglichen Wurzeln der Weihnachtsmärkte, so wie wir sie heute kennen, stammen aus einer Zeit, in der es üblich war, sich kurz vor dem Winter noch einmal mit Lebensmitteln und warmer Kleidung einzudecken. Der Brauch, diese Märkte mit dem Weihnachtsfest zu verknüpfen, ist seit dem 14. Jahrhundert bekannt. Zu diesem Zweck erhielten Handwerker wie Spielzeugmacher, Korbflechter oder Zuckerbäcker die Berechtigung, auf Märkten ihre Waren anzubieten. Schon damals wurde für das leibliche Wohl der Besucher gesorgt und es gab geröstete Maroni, Nüsse und Mandeln zu kaufen. Diese Märkte trugen in größeren Städten an den Handelsrouten auch den Namen „Lebzeltermärkte“, weil man dort die begehrten Gewürze für die Lebkuchenherstellung erwerben konnte.

Bevor der Kirchenreformer Martin Luther durch die Ablehnung der Heiligenverehrung das Weihnachtsfest nach hinten verschob, fanden diese Märkte meist vor dem 6. Dezember statt. Da der Zeitraum durch das neu ernannte Gabenfest verlängert wurde, waren nun auch die Markttermine bis zum 24. Dezember möglich.

Weihnachts- und Adventmärkte sind heute vor allem im deutschen Sprachraum beliebt und bekannt. Jedoch gibt es mittlerweile auch in Städten wie New York oder Manchester immer häufiger diese neue Mode. In New York müssen die Besucher jedoch auf Punsch und Glühwein verzichten, denn dort ist es bekanntlich verboten, in der Öffentlichkeit Alkohol zu trinken.

Viele der Weihnachtsmärkte wurden in in unseren Breiten auch in „Christkindlmärkte“ umbenannt. Mittlerweile sind diese Märkte in ganz Österreich beliebt und bekannt. In großen Städten dauern sie oft den ganzen Advent lang, in kleineren Orten sind sie meist auf zwei oder drei Tage, die sich über ein Wochenende erstrecken, begrenzt. Das Getränke- und Speiseangebot ist umfangreich. Bratwürstel, Glühwein und Punsch dürfen natürlich nicht fehlen. Christbaumschmuck, Kekse, und viele weihnachtliche Accessoires gibt es zu kaufen. Auf dem Weihnachtsmarkt trifft man sich auch gerne auf einen Punsch, vorweihnachtliche Verabredungen finden häufig am Punschstand statt. Somit ist also auch die gesellschaftliche Komponente nicht zu unterschätzen.

Ein Christbaum muss es sein!

Weihnachtsbräuche gibt es viele, der schönste und beliebteste Brauch ist aber wohl, einen Nadelbaum im Haus oder in der Wohnung aufzustellen und ihn festlich zu schmücken.

Dieser Brauch ist noch gar nicht so alt. Die Christbäume, wie wir sie heute kennen, kamen in Österreich erstmals in der Biedermeierzeit „ins Haus“.

Eine Frau war es, die 1814 in Wien den ersten Baum aufstellte. Die Jüdin Fanny von Arnstein, Gattin des Bankiers Baron Nathan Arnstein, nahm diesen für Österreich neuen Brauch aus Berlin mit. Sie putzte in ihrem Palais am Wiener Hohen Markt den ersten österreichischen Christbaum auf und landete damit einen Volltreffer. Der schicke neue Weihnachtsbrauch wurde vom Wiener Adel begeistert angenommen. Bald gehörte es auch in Bürgerhäusern zum guten Ton, zu Weihnachten einen Christbaum im Haus zu haben und diesen festlich zu schmücken. Schon ab 1830 gab es in Wien die ersten Christbaummärkte. Als Christbäume werden heute vorwiegend Tannen, insbesondere Nordmanntannen angeboten. Diese sind besonders haltbar und verlieren nur wenig Nadeln. Aber auch Föhren und Fichten gibt es auf den Christbaummärkten zu kaufen. Und nicht zu vergessen, die künstlichen Bäume, die zwar nicht jedermanns Geschmack, aber Jedes Jahr wiederverwendbar sind.

Besondere Tage

Die frühen Adventkalender hoben noch die besonders prominenten Tage im Advent hervor. Dazu zählen auch heute noch der Barbaratag am 4. Dezember, der Krampustag am 5. Dezember (der Vorabend zum Nikolaus), der Nikolaustag selbst am 6. Dezember, Mariä Empfängnis am 8. Dezember, der Luciatag am 13. Dezember, der Thomastag am 21. Dezember, natürlich der Heilige Abend am 24. Dezember und in manchen Adventkalendern auch noch der Christtag am 25. Dezember.

Diese besonderen Tage wurden in den Adventkalendern auch mit den dazupassenden Symbolen ausgeschmückt. Den Beginn am 1. Dezember machte meist ein Putzapfel (Schmuckapfel). Hinter den Türchen im Adventkalender warteten dann am 4. Dezember Barbarazweige, der für Donauösterreich typische Krampus am 5. Dezember sowie der katholische Bischof Nikolaus am 6. Dezember. Eher selten ging man auf den Marienfeiertag ein, der dann am 8. Dezember ein Marienbildnis zeigte. Am 13. Dezember freuten sich die Kinder über die Gestalt der schwedischen Lussibrud (Lucienbraut) als weiß gekleidetes Mädchen, das einen Lichterkranz auf dem Haupt trägt. In süddeutschen Adventkalendern brachte Lucia auch häufig das Frühstück. Der 24. Dezember wurde meist mit einer Krippenszene dargestellt.

Der Barbaratag und seine Zweige

Der Tag der heiligen Barbara ist bekannt für einen ganz besonderen Orakelbrauch. Am 4. Dezember werden Kirschzweige geschnitten und in eine Vase gestellt. Man erhofft sich, dass die Zweige bis zum 24. Dezember erblühen, das soll Glück bringen. An das Erblühen am Weihnachtsabend werden auch geheime Wünsche und Hoffnungen geknüpft. Das Aufblühen am Heiligen Abend hat aber natürlich auch immer etwas mit der Geburt Christi zu tun.

Im Fall von jungen Mädchen war es früher der Brauch, dass die Barbarazweige darüber Auskunft geben sollten, ob im kommenden Jahr eine Heirat ins Haus stand. Dieses Orakel ging so weit, dass die jungen Frauen mehrere Zweige in verschiedene Vasen stellten und an jeden Zweig den Namen eines Burschen hefteten. Der „Name“, der erblühte, sollte auch der Hochzeiter sein.

Gehen wir dieser Tradition auf den Grund: Was hat die heilige Barbara eigentlich mit den Kirschzweigen zu tun? Der Legende nach sollte Barbara einen Heiden heiraten und weigerte sich. Sie wurde von ihrem Vater in einem Turm gefangen gehalten, doch sie konnte fliehen und sogar ein Felsen öffnete sich, um der guten Barbara Zuflucht zu bieten. Durch diese Begebenheit wurde sie auch zur Schutzheiligen für die Bergleute erkoren. Die Gute wurde jedoch bald verraten und letztendlich vom eigenen Vater enthauptet. Die Legende besagt, dass sich am Weg in die Gefangenschaft ein Kirschzweig in Barbaras Gewandung verfing und diese den Zweig mit sich trug, um ihn in einen Krug Wasser zu stellen. Und genau am Tag ihrer Hinrichtung soll jener Kirschzweig erblüht sein.

Die heilige Barbara zählt mit Katharina und Margareta zu den „Heiligen drei Madln“. Der Spruch „Margareta mit dem

Wurm, Barbara mit dem Turm, Katharina mit dem Radl – das sind die heiligen drei Madl" war früher sehr geläufig.

Der Krampus kommt!

Den Krampus kennt man auch heute noch als finsteren Begleiter des heiligen Nikolaus. Sein Tag ist der 5. Dezember, doch meistens ist er auch noch am 6. Dezember kettenrasselnd mit dem Nikolo unterwegs. Diese Brauchtumsfigur jagt den Kindern immer wieder mit seiner Rute, seiner scheppernden Kette oder den großen Kuhglocken Angst ein und mancherorts teilt er auch Schläge aus.

Der Krampus ist in verschiedenen Teilen Europas bekannt und auch weitschichtig mit den Perchten verwandt. Vom Krampuskränzchen bis zum Krampuslauf, diese dämonische Gestalt hat sich in der Vorweihnachtszeit einen festen Platz erobert. Zum Essen gibt es natürlich auch den Zwetschkenkrampus aus Dörrpflaumen, aber wir kennen ihn auch aus Schokolade oder als Gebildegebäck. Sein Name kommt vom althochdeutschen Wort „Krampen", was soviel wie Kralle bedeutet oder etwas Abgestorbenes beschreibt. In Österreich sagt man zum Krampus auch „Kramperl".

Es gab eine Zeit, in der war es bei Todesstrafe verboten, sich als Krampus zu verkleiden. Es war die Zeit der Inquisition, in der es den Menschen untersagt war, sich „teuflisch" zu verkleiden. Doch konnte man dem Volk dieses Ritual nie ganz abgewöhnen, und so wurde der verbotene Brauch vor allem in weit abgelegenen Bergdörfern weitergepflegt.

Früher übernahm der Krampus auch die Funktion der häuslichen Kontrolle. Gab es Ungerechtigkeiten, dann griff der Krampus ein und stellte auch den Erwachsenen die Rute ins Fenster. Vielleicht weil eine Bauersfrau zu geizig war oder ein Dienstherr zu streng? Der Krampus zeigte Missstände auf und sorgte durch sein Wirken für eine Art soziale Gerechtigkeit.

Um 1900 wurde der Krampus in unseren Breiten wiederentdeckt und begleitet

seither den Nikolaus. Man trifft ihn bei Krampusläufen oder folkloristischen Darbietungen an. In ländlichen Gebieten kennt man auch den Brauch des „Kramperljagens", eine beliebte Mutprobe unter Kindern oder Jugendlichen.

Niklaus, Niklaus, tralalalala …

Der heilige Nikolaus galt bis ins 16. Jahrhundert als Gabenbringer. Mit der Ablehnung der Heiligenverehrung durch den Kirchenreformator Martin Luther änderte sich diese Tradition aber. Von nun an brachte das Christkind am 24. Dezember die Geschenke und wie es schien, hatte der Nikolaus ausgedient. Nicht ganz! Zwar verlagerte sich das Gabenfest auf den Heiligen Abend, aber den heiligen Nikolaus konnte man dem Volk nicht ganz verbieten. Zu stark war diese Tradition verwurzelt, zu sehr liebten die Menschen diesen Brauch. Und so kommt der Nikolaus auch heute noch am 6. Dezember zu den Kindern und bringt kleine Geschenke. Und wenn die Kinder brav waren, dann wartet sein dunkler Begleiter, der Krampus, auch vor der Haustür.

Was wissen wir heute noch über den heiligen Nikolaus? Rund um diesen Mann gibt es viele Geschichten oder besser gesagt Legenden. Aber dass es den heiligen Nikolaus wirklich gegeben hat, steht fest. Er wirkte als Bischof in der Stadt Myra, die heute Demre heißt und in der Nähe von Antalya in der Türkei liegt. Als sein Todestag gilt der 6. Dezember um das Jahr 350.

Der heilige Nikolaus war sehr fromm und bekannt dafür, dass er Menschen half, die in Not geraten waren. Denn der Legende nach heißt es, dass er sein gesamtes Vermögen unter den Armen verteilt haben soll.

Über das Leben des Nikolaus von Myra ist nur wenig bekannt. Und genau aus diesem Grund ranken sich so viele Legenden um diesen Heiligen. Eine der bekanntesten ist wohl die Geschichte des Edelmannes, der seine drei Töchter verheiraten wollte, dem jedoch das nötige Geld dafür fehlte. Als Bischof Nikolaus hörte, dass die drei Mädchen in die Sklaverei verkauft werden sollten, schritt er ein. Noch in derselben Nacht warf er für jedes der Mädchen einen Beutel mit Goldstücken durch das Fenster ins Haus des Edelmannes und so waren die Jungfrauen gerettet. Aus diesem Grund ist der heilige Nikolaus auch als Patron für eine gute Hochzeit bekannt.

Der Nikolaus bekam ab dem 13. Jahrhundert jedoch auch noch eine andere Seite aufgebrummt. Er sollte am 6. Dezember bei den Kindern nach dem Rechten sehen und die Braven loben und den Bösen die Leviten lesen. Und noch jemand gesellte sich damals zum guten Nikolaus: der kettenrasselnde Krampus.

In Österreich hat sich der Nikolaus-Brauch am 6. Dezember bis heute gehalten. An diesem Tag kommen die verkleideten Nikoläuse und Krampusse auf Bestellung in die Häuser und bringen im Auftrag der Eltern die Botschaften und Geschenke für die Kinder. Meistens werden die Nikolausbesuche über die Gemeinden organisiert.

Mariä Empfängnis: Feier- oder Einkaufstag?

Es geht uns gut, möchte man meinen. Wenn man den Berichten über die Einkaufssamstage vor Weihnachten Glauben schenkt, dann wird Jahr für Jahr, Samstag für Samstag immer mehr und mehr gekauft. Es ist grundsätzlich ein Ausdruck von Wohlstand, wenn die Wirtschaft floriert, doch ob wir den 8. Dezember wirklich auch noch als Einkaufstag vor Weihnachten gebraucht hätten, das sei dahingestellt. Nachdem es der deutsche Handel schon lange vorgemacht hatte, durften ab dem Jahr 1995 auch die Geschäfte in Österreich an diesem Feiertag offen halten.

Grundsätzlich gibt es diesen Marienfeiertag erst wieder seit dem Jahr 1955, nachdem in der NS-Zeit dieser rote Tag im Kalender schlichtweg abgeschafft worden war. Eine Unterschriftenaktion von 1,5 Millionen Österreichern brachte den 8. Dezember zehn Jahre nach Kriegsende wieder als Feiertag zurück.

Die offizielle Bezeichnung für diesen Tag lautet: „Hochfest der ohne Erbsünde empfangenen Jungfrau und Gottesmutter Maria". Was viele nicht wissen: Die katholische Kirche feiert an diesem Tag die Empfängnis der heiligen Maria durch ihre Mutter, die heilige Anna, und nicht die Empfängnis von Jesus Christus selbst. Es wäre wohl auch ein bisschen knapp geworden mit dem Jesu-Geburtsfest, das wir bereits 16 Tage später feiern. Die „Verkündigung des Herrn" ist ein eigenes kirchliches Fest. Es findet am 25. März statt, genau neun Monate vor Weihnachten.

Aber kommen wir wieder zum 8. Dezember. Laut Kirche wurde die Mutter Jesu an diesem Tag von ihrer Mutter Anna empfangen und kam schließlich ohne Erbsünde zur Welt. Im Jahr 1476 verlieh der damalige Papst Sixtus IV. diesem Fest den Namen „Empfängnis der unbefleckten Jungfrau Maria". Ab 1708 einigte man sich in Kirchenkreisen auf die Bezeichnung „Mariä Empfängnis".

Früher war es Brauch, dass Frauen an diesem Tag nicht arbeiten sollten. Gleichzeitig stellte der 8. Dezember jedoch auch den Beginn der Weihnachtsbackzeit dar.

Die Lichtbringerin Lucia

Der Lucientag am 13. Dezember erinnert an die vielen Traditionen, die vor allem in Schweden gebräuchlich sind. Dieser Tag war vor der Kalenderreform durch Papst Gregor XIII. im Jahr 1582 noch als Neujahrstag bekannt und galt auch als Wintersonnenwende. So steckt schon im Namen Lucia das Licht und damit verbunden die Hoffnung darauf, dass die Tage bald wieder länger werden würden.

Doch wie kam die heilige Lucia eigentlich zu ihren Ehren? Der Legende nach war Lucia von Syrakus eine frühchristliche Märtyrerin. Sie wollte ihr junges Leben Gott weihen und unverheiratet bleiben. Doch da gab es schon einen Ehemann, der für sie ausgesucht war, und dieser bewunderte vor allem ihre schönen Augen. Lucia habe daraufhin ihre

Augäpfel herausgerissen und dem Brautwerber in einem Gefäß übersandt, heißt es. Von ihrer Großmutter habe sie danach noch schönere Augen bekommen. Was nach einem Horrorfilm klingt, ist eine Heiligen-Legende, die sich bis heute gehalten hat. Die Augen sind Lucias Merkmal geworden, deshalb gilt sie auch als Schutzpatronin für Augenleiden.

Das Lucienfest am 13. Dezember ist in Schweden und anderen nordischen Ländern fixer Bestandteil des vorweihnachtlichen Brauchtums. Mädchen tragen dabei weiße Gewänder, es gibt traditionelles Gebäck und Gesang. Lucia bringt das Frühstück, heißt es.

Einer Überlieferung zufolge kann man die heilige Lucia in der Nacht zum 13. Dezember mit ihrer Lichterkrone auf dem Haupt über die Landschaft schweben sehen. Zu dieser Zeit wurden früher gerne Fackelumzüge in Dörfern und Städten veranstaltet, um das entschwundene Licht zurückzuholen.

Noch heute steht in Schweden am Lucientag, dem Tag der Lichterkönigin, die älteste Tochter des Hauses schon sehr bald auf. Sie kleidet sich in weiße Gewänder und setzt sich einen Kranz aus Preiselbeer- oder Stechpalmenzweigen auf den Kopf. In diesem Kranz brennen Kerzen, die das Licht zurückbringen sollen. Feierlich geschmückt bringt die weiß gekleidete „Lussibrud“ (Lucienbraut) der Familie das Frühstück ans Bett und singt dabei das Lucienlied „Santa Lucia“.

Liebesorakel am Thomastag

Der 21. Dezember heißt im Volksmund Thomastag, jedoch wurde der Gedenktag für den Apostel Thomas von der katholischen Kirche bereits im Jahr 1970 auf den 3. Juli verlegt. Doch auch heute noch spricht man der Thomasnacht im Dezember besondere Bewandtnis zu, vor allem Liebesorakel sollen gut funktionieren. Solche waren schon immer ein beliebter Zeitvertreib. Wer wird nächstes Jahr heiraten? Wer wird mein Liebster sein? Orakel stellten eine willkommene Abwechslung dar, um die langen Winterabende etwas spannender zu gestalten. Deswegen waren vor allem bei den Mägden auf den Bauernhöfen die Liebesorakel sehr gefragt. Der 21. Dezember galt dafür als besonders geeignet. Folgende Liebesorakel wurden früher am Thomastag praktiziert:

„Hehnerfanga"

Die Mägde des Hofes gingen zum Hühnerstall und griffen einzeln in die Hühnerschar. Wer dabei den Hahn erwischte, würde im darauffolgenden Jahr einen Mann finden, wer sich eine Henne griff, würde alleine bleiben.

„Apfelschalenwerfen"

Es war Brauch, in der Thomasnacht gesellig zusammenzukommen und dabei Äpfel, Nüsse und Kletzen (getrocknete Birnen) zu essen und Schnaps zu trinken. Die Mädchen schälten ihren Apfel sehr sorgfältig und achteten darauf, dass die Schale nicht abriss. Danach nahmen sie die lange Schale und warfen sie über den Kopf auf den Boden. Der Buchstabe, den die Schale bildete, war der Anfangsbuchstabe des zukünftigen Liebsten.

„Hunderlanmelden"

Während des Gebetsläutens liefen die ledigen Mädchen auf dem Hof mit ihren Apfel- und Nussschalen ins Freie, warfen sie in die Luft und horchten. Aus der Gegend, aus der sie einen Hund bellen hörten, würde der Zukünftige kommen.

Aber es gab noch eine weitere Form des „Hunderlanmelden", hierzu brauchte man einen Zwetschkenbaum und musste folgenden Spruch aufsagen:

„Zwetschknbam, i schüttl di,
Sankt Thomas, i bitt di:
Lass dort a Hunderl belln,
wo sie mei Schatz tuat meldn!"

„Bettstatt-Treten"

Ein weiteres Heiratsorakel, das in der Thomasnacht am 21. Dezember sowie in der Andreasnacht (von 29. auf den 30. November) praktiziert wurde, ist das

Aufsagen eines Sprüchleins, das dafür sorgen sollte, den „Zukünftigen“ im Traum zu sehen, beziehungsweise würde sich das „Mannsbild“ möglicherweise auch durch einen Blick ins Feuer oder in einen Spiegel zeigen. Mancherlei Rahmenhandlungen begleiteten diesen Brauch. So wurde an diesem Abend zum Beispiel der Tisch für den noch unbekannten Geliebten mit eingedeckt. Vor dem Schlafengehen wurde dann der besondere Spruch aufgesagt, während die Mädchen oder Frauen auf ihrem Bett herumtraten:

„Bettstatt, i tritt di,
heiliger Thomas, i bitt di,
lass mir erscheinen
den Herzallerliebsten meinen.“

Weihnachten, das Fest der Feste

Weihnachten als Geburtsfest Christi ist eines der ältesten Feste des christlich-abendländischen Kulturkreises.

Die römisch-katholische Kirche feiert es seit Mitte des 4. Jahrhunderts am 25. Dezember. Davor fand dieses Fest noch am 6. Jänner statt. Der heutige Dreikönigstag galt früher als offizielles Weihnachtsfest und war ursprünglich der Erscheinung des Herrn gewidmet. Für die orthodoxe Kirche ist dieser Tag noch immer der wichtigste Weihnachtsfeiertag. Heute begehen wir das Weihnachtsfest in unseren Breiten bereits am 24. Dezember. Es wird in die Heilige Nacht hineingefeiert, die spätabendliche Christmette bildet vielerorts den weihnachtlichen Höhepunkt.

Der 25. Dezember wurde von der Kirche nicht zufällig gewählt, denn die Tage rund um den 21. Dezember waren für die Menschen seit jeher etwas ganz Besonderes. Es wurde die Wintersonnenwende gefeiert, die Wiedergeburt des Lichts.

Das christliche Weihnachtsfest traf auf eine uralte Brauchtumswelt, die man nicht so einfach abschaffen konnte. Viele heidnische Rituale und Bräuche wurden von den Menschen weiterpraktiziert und fanden Eingang in die christliche Welt. So stammt die Überlieferung, dass man am Heiligen Abend um Mitternacht die Tiere sprechen hören kann, aus diesen längst vergangenen Tagen und hat sich wie viele andere Gebräuche bis heute erhalten.

Die Geschenke-Tradition entwickelte sich erst später. Das Christkind war eine protestantische Erfindung und sollte den heiligen Nikolaus als Gabenbringer ablösen. Waren die Kinder brav, dann gab es zu Weihnachten auch Geschenke. Die anfängliche Idee des Schenkens artet mancherorts zum Kaufrausch aus. Weder die katholische noch die evangelische Kirche konnten diese Entwicklung stoppen, die das Weihnachtsfest unter einem ganz neuen Gesichtspunkt erscheinen lässt.

Doch Weihnachten hat einen tieferen Sinn. Jesus Christus symbolisiert für die Christen das Licht der Welt, das jedes Jahr zur selben Zeit wiedergeboren wird. Die Menschen schöpfen Hoffnung, die Tage werden langsam länger. Dieses Jahreskreisfest wird in den verschiedensten Kulturen seit jeher zelebriert. Es hat eine große Bedeutung und ist heute in unseren Breiten als Weihnachtsfest das schönste und größte Fest im Jahr, das mit der ganzen Familie gefeiert wird.

Der Adventkalender der kleinen Freuden

Es war einmal ... eine alte Frau namens Rosalie, die war sehr einsam. Jedes Jahr fürchtete sie sich vor der Weihnachtszeit. Weihnachten: das Fest der Familien, das Fest der Liebe. Doch da Rosalie so einsam und alleine war, konnte sie sich wenig auf Weihnachten freuen. So ging das schon viele Jahre. Doch dieses Jahr sollte alles anders werden. Denn sie stand auf der Liste der guten Weihnachtsfee und die wollte heuer dafür sorgen, dass die alte Dame auch wieder einmal ein schönes Weihnachtsfest feiern konnte.

Ein Weihnachtswichtel wurde zur Erde geschickt und schon am ersten Dezember sollte es losgehen mit den kleinen Vorweihnachtsvorfreuden. Der Wichtel hatte es sich zum Ziel gesetzt, der alten Dame jeden Tag bis Weihnachten eine kleine Freude zu bereiten. Rosalie wurde mit einem ganz persönlichen Adventkalender bedacht, der ihr Leben wieder ein bisschen freundlicher und glücklicher machen sollte.

Der Weihnachtswichtel hatte sich ein ganzes Jahr auf seine Aufgabe vorbereitet. Am ersten Dezember fand die alte Dame einen Adventkalender in ihrem Postkasten. Keinen aus Schokolade, nein, der Adventkalender sah sehr alt aus, fast schon vergilbt. Die Ansicht eines kleinen Städtchens war zu sehen, mit vielen geschäftigen Menschen, die alle in Weihnachtsstimmung zu sein schienen. Ein hell erleuchteter Christbaum in der Mitte, ein kleiner Eislaufplatz, ein Maronibrater, ein Kaufmannsladen, strahlende Kinderaugen, kleine Engelchen, bunte Geschenke, alles war da. Rosalie staunte über diesen schönen alten Adventkalender aus Papier, sie glaubte, sich zu erinnern, dass sie so einen Adventkalender als Kind auch einmal besessen hatte.

Sie öffnete das erste Türchen und da lächelte ihr das kleine Bild eines Kindes entgegen. Sie kannte dieses Kind, es war nämlich niemand anderer als sie selbst. Wie konnte das Foto nur in diesen Adventkalender gelangt sein? Ein Werbegag? Rosalie untersuchte den Adventkalender, fand jedoch weder die Aufschrift einer Firma noch ein Logo oder Markenzeichen. Sehr seltsam, vielleicht nur eine zufällige Ähnlichkeit? So eigenartig ihr die Sache jetzt vorkam, so sehr freute sie sich doch über diesen seltsamen Adventkalender.

Welches Bildchen würde wohl Tür Nummer zwei für sie bereithalten? Rosalies Neugierde war so groß, dass sie fast schon nachsehen wollte, doch sie konnte sich gerade noch zurückhalten. Schließlich hätte der Adventkalender sonst seine Funktion verloren. Außerdem wäre dann die ganze Mühe des Wichtels umsonst gewesen, denn wenn die alte Dame die Türchen zu früh geöffnet hätte, wäre die ganze Magie verloren gegangen, die kleinen Freuden hätten sich in Luft aufgelöst und dieser wunderbare Adventkalender wäre nur noch ein Zierbild aus farbigem Papier gewesen.

Am nächsten Tag öffnete Rosalie gleich in der Früh das zweite Türchen. Dahinter versteckte sich eine entzückende Blaumeise. Rosalie mochte Vögel, war jedoch immer sehr traurig, weil sich zu ihrem

kleinen Futterhäuschen im 14. Stock noch nie ein Vogel verirrt hatte. Doch heute war das anders. So wie im Adventkalender hüpfte und flatterte an Rosalies Fenster nun eine Blaumeise herum.

„Ein Wunder!“, dachte Rosalie, „ein Vögelchen kommt zu mir!“

Das Futter stammte noch aus dem Vorjahr, doch waren die Sonnenblumenkerne immer noch sehr delikat. So ließ es sich die kleine Blaumeise schmecken und kam von nun an jeden Tag zu Besuch. Was für eine Freude!

Schön langsam dämmerte es der alten Dame, dass dieser Adventkalender etwas ganz Besonderes war. Was würde am nächsten Tag auf sie zukommen? Sie war richtig aufgeregt und konnte es gar nicht erwarten, am dritten Dezember das nächste Türchen zu öffnen. Die Blaumeise war schon am frühen Morgen zu Gast und leistete Rosalie vom Fenster aus Gesellschaft.

Mit zittrigen Händen öffnete diese Türchen Nummer drei und fand darin eine Zahlenreihe. Was konnte das sein? Vielleicht eine Telefonnummer? Hoffentlich war das keine Falle? Wollte sie jemand hereinlegen, hatte es jemand auf ihr weniges Geld abgesehen? Doch nein, das kleine Vögelchen war der beste Beweis dafür, dass dieser Adventkalender etwas Gutes bedeuten musste.

So ging sie zum Telefon und wählte die Nummer. Sie wartete gespannt, wer sich am anderen Ende der Leitung wohl melden würde. „Maria Gernberger“, lautete der Name der Angerufenen. „Maria, bist du es?“ Rosalie erkannte die Stimme einer längst verloren geglaubten Schulfreundin. Nein, war das jetzt schön, sich zu hören. Schon wieder ein Wunder! Ein Treffen für das neue Jahr wurde vereinbart, und die alte Dame freute sich schon wieder.

So ging es weiter. Jeden Tag ein kleines Wunder, jeden Tag eine große Freude.

Am 6. Dezember verbarg sich eine Tür hinter der Tür. Ein guter Hinweis, die Wohnung wieder einmal zu verlassen, dachte Rosalie und begab sich in den Lift. Ein junger Mann hielt ihr lächelnd die Lifttür auf, und unten an der Haustür

machte er es schon wieder. Das Lächeln des jungen Mannes war ansteckend und begleitete Rosalie durch den Tag.

Am 7. Dezember versteckte sich der Name eines kleinen Kaffeehauses, das sich ganz in der Nähe befand, hinter dem Adventkalendertürchen. Rosalie war so motiviert, dass sie es wirklich tat: Wild entschlossen ging sie zum ersten Mal allein in ein Kaffeehaus.

Sie entschied sich für einen kleinen Tisch in der Ecke. Eine Torte, ein Häferlkaffee und eine Unterhaltung folgten. Denn kaum hatte Rosalie sich gesetzt, nahm eine andere alte Dame an ihrem Tisch Platz, jedoch nicht ohne zuvor höflich zu fragen, ob hier denn noch frei sei. Ein nettes Gespräch entwickelte sich. Die zweite Dame stellte sich als Theresia vor. Sie war öfter hier, und wie es schien, kamen hier viele ältere Leute her, um sich zu treffen. So ein schöner Nachmittag, so eine Freude!

Rosalies Leben hatte sich bereits sehr zum Positiven verändert. Mit einem Lächeln ging sie abends zu Bett und konnte es kaum erwarten, tags darauf aufzustehen, um ein weiteres Türchen im Adventkalender zu öffnen.

9. Dezember: Ein Buchtipp. So ging Rosalie gleich in die Stadt, um sich das Buch zu besorgen. Ein Ratgeber zur positiven Lebensführung. Sehr schön. Auf dem Nachhauseweg ging sich noch ein Besuch im Kaffeehaus aus, wo sie auch ihre neue Freundin Theresia wieder „zufällig“ traf.

10. Dezember: Ein Notenschlüssel. Ach ja, das war doch einmal eine große Leidenschaft gewesen, das Zitherspiel. Ganz hinten im Kasten fand Rosalie ihre alte Zither. Die Lieder von damals konnte sie noch immer auswendig spielen. Das war jetzt wieder eine Freude, selbst Musik zu machen, und ein paar Weihnachtslieder waren auch schon dabei. Die Blaumeise lauschte vom Fenster aus und wurde durch die gute Fütterung immer wohlgenährter.

11. Dezember: Eine Schneeflocke. Und wirklich, an diesem Dezembertag begann es zu schneien. Die alte Frau liebte den Schnee.

12. Dezember: Schon wieder eine Telefonnummer. Am anderen Ende meldete sich das städtische Tierheim. Ein Besuch dort folgte: Von nun an begleitete Katze Cleopatra Rosalies Lebensweg. Eine große Freude, die noch viele Jahre lang anhalten sollte.

So ging das Tag für Tag. Der Weihnachtswichtel hatte sich für jeden Tag etwas Neues einfallen lassen, wie er der alten Dame eine Freude machen konnte. Die Kaffeehausbesuche wurden häufiger, die Blaumeise kam unermüdlich geflogen, brachte hin und wieder ein paar Blaumeisenfreunde mit und die Katze war begeisterte Zuseherin bei den täglichen Vogelbesuchen.

Rosalie spielte regelmäßig auf ihrer Zither, meldete sich für das Seniorenturnen an und erstand einen eleganten Hut. Am 22. Dezember wurde seit vielen Jahren erstmals wieder ein Christbaum gekauft und am 23. Dezember stand das Baumschmücken auf dem Programm.

Natürlich war Rosalie besonders gespannt, was sich hinter dem Türchen des 24. Dezember verbarg. Das wusste sie noch aus der Kindheit, dass am 24. Dezember immer etwas ganz Besonderes hinter dem Türchen wartete.

Etwas enttäuscht zeigte sich Rosalie schon, als sie lediglich ein weihnachtlich geschmücktes Telefon entdeckte. Keine Nummer.

Doch kurze Zeit später klingelte das Telefon und die neue Kaffeehausfreundin war am Apparat. Sie fragte Rosalie, ob sie nicht heute Nachmittag ins Kaffeehaus kommen wolle und dort für die alten Menschen, die sonst allein gewesen wären und hier gemeinsam Weihnachten feierten, mit ihrer Zither aufzuspielen. Sie entschuldigte sich noch für die späte Anfrage und dass sie es verstehen würde, wenn Rosalie an Weihnachten andere Verpflichtungen habe. Doch hatte die Kaffeehausfreundin den Satz noch gar nicht richtig zu Ende gesprochen, als ihr Rosalie schon ins Wort fiel: „Ja! Ich komme sehr, sehr gerne!“

Die Weihnachtsfreude war groß im Herzen der alten Dame. Ja das war die schönste Freude, Weihnachten nicht allein feiern zu müssen, sondern im Kreis von Menschen, die sich auf sie und ihr Zitherspiel freuten.

Rosalie wurde im Kaffeehaus herzlich empfangen und war der Star des Abends. Immer wieder wurde sie gebeten, ein weiteres Lied zu spielen, und ein großer Zauber lag an diesem Abend in der Luft. Denn es war der Weihnachtsabend, und dieser Abend ist magisch. Das Fest der Liebe lässt Wunder wahr werden und öffnet die Herzen.

Rosalie hatte 24 Freudentage hinter sich und konnte ihr neues Glück kaum fassen. Auch über Weihnachten hinaus veränderte sich ihr Leben zum Positiven. Die Blaumeise kam mit ihren Freunden alle Jahre wieder zum Vogelhaus in den 14. Stock geflogen. Rosalies neue Freundschaften vertieften sich und das Zitherspiel wurde zum fixen Programmpunkt im Kaffeehaus. Katze und Frauchen erfreuten sich gleichermaßen aneinander und das Treffen mit der alten Schulfreundin stand schon fix im Kalender.

Der Weihnachtswichtel war sehr zufrieden. Zu wem er wohl nächstes Jahr kommen wird? Das weiß nur die Weihnachtsfee, denn sie schickt ihre Wichtel zu den Menschen auf die Erde, um deren Leben ein bisschen wunderbarer zu gestalten. Denn, Wunder wollen geschehen. Nicht nur in der Weihnachtszeit!

Der Wichtel-Adventkalender

Es war einmal ein kleines Mädchen, das bekam jedes Jahr von seinem Vater am 1. Dezember einen Adventkalender geschenkt. Zu dieser Zeit waren die Adventkalender noch aus Papier und wenn man ein Fenster öffnete, bekam man keine Schokolade so wie heute, sondern ein weihnachtliches Miniaturbild zu sehen. Es gab noch keinen Fernseher und kein Radio, keinen Computer und kein Internet, keine Autos und schon gar keine Flugzeuge. Der Adventkalender war eine beliebte Abwechslung für die Kinder und viele Mütter und Väter erfanden jeden Abend passend zum Kalenderbildchen eine Gutenachtgeschichte.

Das ganze Jahr über freute sich das Mädchen auf den Adventkalender und konnte es kaum mehr erwarten, dass der November übers Land zog und der Dezember endlich hereinschneite. Der Vater des Mädchens war Handelsreisender und teilte sich seine Reisen immer so ein, dass er rechtzeitig vor dem 1. Dezember nach Hause kam, um seiner Tochter einen besonders schönen Adventkalender aus einem fernen Land oder einer großen Stadt mitzubringen.

Die letzten Tage im November schneite es unaufhörlich, und so schön die weiße Pracht auch war, lag nach ein paar Tagen eine meterdicke Schneedecke über dem kleinen Örtchen, in dem das Mädchen lebte.

Der 1. Dezember nahte und der Vater war noch immer nicht zu Hause. Das Mädchen machte sich große Sorgen, einerseits um den Verbleib des Vaters und andererseits auch ein kleines bisschen um den Adventkalender. Der Zug, mit dem der Vater am letzten Tag im November hätte ankommen sollen, war wegen des vielen Schnees erst gar nicht losgefahren.

Die Enttäuschung war groß, denn nicht nur der Adventkalender fehlte, sondern vor allem auch der Vater, der schon so lange auf Reisen war und doch eigentlich fest versprochen hatte, vor dem 1. Dezember nach Hause zu kommen. Das Mädchen weinte bitterlich und konnte gar nicht mehr aufhören, auch die Mutter konnte es nicht trösten.

Aber was wäre die Weihnachtszeit ohne Wichtel und Wunder? Und da ab Ende November auch schon die Weihnachtswichtel unterwegs waren, gab es noch Hoffnung. Die hilfreichen Gesellen sind zwar unsichtbar, wissen aber immer ganz genau, wann und wo sie auf der Erde gebraucht werden.

Die erste Pflicht eines jeden Weihnachtswichtels ist es, den Menschen Freude zu bereiten und sie zum Strahlen zu bringen. Darum locken Menschentränen, und vor allem Kindertränen, Wichtel geradezu an. So waren auch im Fall des unglücklichen Mädchens schnell drei Wichtel zur Stelle.

Die drei Weihnachtswichtel überlegten, wie sie dem Mädchen helfen konnten. Den Zug, der den Vater nach Hause bringen sollte, so schnell wie möglich in Gang zu bringen, ging nicht, denn es hatte schon seinen Grund, warum der Zug nicht losfahren konnte: Zwei Menschen würden in den Stunden oder vielleicht sogar Tagen des scheinbar sinnlosen Wartens zueinander finden und damit würde eine wunderschöne Liebe beginnen – und solche Dinge haben natürlich immer Vorrang. So steht es im großen Weihnachtswichtelbuch geschrieben.

Trotzdem war die Traurigkeit des Mädchens auch nicht gerade eine Kleinigkeit, denn die Sehnsucht nach dem Vater und die Vorfreude auf den Adventkalender waren so groß, dass das kleine Kinderherz schon sehr schmerzte.

Die Wichtel beratschlagten, was sie tun konnten, und kamen auf eine blendende Idee. Sie engagierten den Wind und die Wolken als Helfer und ließen über Nacht einen riesigen Adventkalender aus Schnee und Eis vor dem Kinderzimmerfenster des Mädchens entstehen. Die Fensterchen überzogen sie mithilfe der Moosfee, die sie kurzerhand aus ihrem Winterschlaf weckten, ganz in Grün, und vom Christkind borgten sie sich einen Goldstift für die Zahlenbeschriftungen aus.

Ein besonders kreativer Wichtel kam auf die großartige Idee, hinter jeder Tür

eine Geschichte zu verstecken. Und einem überaus tierlieben Wichtel fiel es ein, hinter jedem Türchen ein Tier des Waldes erscheinen zu lassen.

Der nächste Wichtel war der Arbeitswichtel, er dachte sich die Geschichten aus und engagierte gleich 24 Waldtiere für einen Auftritt im Schnee-Adventkalender des kleinen Mädchens.

Die Arbeitswichtel waren sozusagen die Oberwichtel und hatten die wichtigste Aufgabe zu erfüllen, sie waren dafür verantwortlich, dass die Menschen im Herzen Freude empfanden. Wenn ihnen das gelang, dann bekamen sie nicht nur Lob vom Christkind, sondern durften bei der internen Himmelsweihnachtsfeier auch noch am Ehrentisch sitzen. Der Oberwichtel bemühte sich sehr und schrieb die ganze Nacht hindurch. Am Morgen des 1. Dezember war er sehr zufrieden und bat das rotbraune Eichkätzchen, das ganz in der Nähe des Hauses auf einem Tannenbaum wohnte, gleich den 1. Dezember zu übernehmen. Alle Vorbereitungen waren getroffen.

Das kleine Mädchen wachte am Morgen mit vom Weinen verquollenen Augen und einer rotzigen Nase auf. Während es sich schnäuzte, schaute es voller Sorge aus dem Fenster, wie hoch denn der Schnee noch sei.

Es traute seinen Augen nicht, als es hinausblickte und einen riesengroßen Adventkalender aus Schnee und Eis sah! Wie konnte es denn das nur geben? Die Fensterläden des Adventkalenders waren moosbedeckt und mit großen goldenen Ziffern versehen.

Mit weit aufgerissenen Augen und offenem Mund schaute das Mädchen dem Wichtelwerk entgegen. Da ging plötzlich eine Tür auf, die Eins natürlich, und was sah sie da? Ein possierliches Eichhörnchen tanzte direkt vor seinen Augen, und noch dazu, das konnte es ja fast nicht geben, jonglierte das Eichkätzchen mit drei goldenen Nüssen und hatte sichtlich Spaß an seiner Vorführung.

Das Mädchen klatschte in die Hände und rief ganz laut: „Bravo! Braaaaavo!“ Jetzt kam die Mutter ins Kinderzimmer,

um nachzusehen, was denn da los sei. Ganz aufgeregt berichtete das Mädchen, welche Kunststücke das Eichkätzchen gerade mit den Nüssen vollbracht hatte. Die Mutter blickte angestrengt aus dem Fenster. Doch sie sah rein gar nichts. Sie konnte auch nichts sehen, denn der Adventkalender war nur für die Augen des kleinen Mädchens bestimmt. Die Mutter war froh, dass ihr Kind endlich wieder lachte, und machte sich keine großen Gedanken über die fantastischen Erzählungen der Tochter.

Auf der Türschwelle fand die Mutter einen Brief, der an das Mädchen adressiert war. Als Absender konnte sie einen Pfotenabdruck – wie von einem Eichkätzchen – erkennen. Jetzt war auch die Mutter erstaunt. Sie zeigte ihrer kleinen Tochter den Brief und da diese noch nicht lesen konnte, las die Mutter vor: Die Geschichte vom jonglierenden Eichkätzchen.

Das Mädchen strahlte und auch der Mutter war warm ums Herz geworden. So ging es tagein, tagaus. Jeden Tag war ein anderes Tier an der Reihe, das sich hinter einem Adventkalendertürchen verbarg und dem Mädchen Freude bereitete. Und vor der Haustür lag die dazugehörige Geschichte.

Die drei Wichtel hatten ganze Arbeit geleistet und konnten stolz auf ihr Werk sein. Dem Oberwichtel war ein Platz ganz weit vorne am Weihnachtstisch des Christkinds sicher und auch die beiden anderen durften – etwas weiter hinten – dieses Jahr zum ersten Mal dabei sein.

In der Zwischenzeit konnte auch der Zug seine Fahrt fortsetzen, und am 5. Dezember kam endlich der Vater mit dem Adventkalender nach Hause. Das Mädchen freute sich sehr über den heimgekehrten Vater und auch über den hübschen bebilderten Adventkalender. Doch hatte es dieses Jahr einen viel spannenderen Adventkalender von den Weihnachtswichteln bekommen. Bis zum 24. Dezember tauchten jeden Tag neue Tiere und Geschichten auf. Und zu Weihnachten ließ es sich das Christkind nicht nehmen, selbst für einen kurzen Moment aus dem Fenster mit der Nummer 24 herauszuschauen.

Der Adventkalender der guten Taten

Es war einmal ... eine Familie, in der gab es jedes Jahr einen ganz besonderen Adventkalender. Im Vorjahr hatten die Kinder jeden Tag eine neue heimische Singvogelart kennengelernt und vor zwei Jahren hatte es täglich ein neues leckeres Gericht aus einem fernen Land zu kosten gegeben.

Die Eltern bemühten sich wirklich sehr, sich jedes Jahr etwas ganz Besonderes einfallen zu lassen, bei dem sie selbst als Erwachsene noch etwas lernen konnten und das den Kindern Freude bereitete.

Gekaufte Adventkalender kamen schon lange nicht mehr ins Haus, es war immer etwas Neues, was sich die Eltern ausdachten, und darauf freuten sich die Kinder Jahr für Jahr.

Was würde es wohl heuer sein? Der 1. Dezember nahte und die Spannung stieg. Am Morgen des ersten Dezembertages gab es eine kleine Familienkonferenz. Das Frühstück begann heute schon etwas früher als sonst, doch das störte die Kinder gar nicht. Da sie schon so gespannt waren auf die neue Adventkalenderidee ihrer Eltern, wachten sie heute schon lange vor dem Weckerläuten auf. Endlich war es so weit.

„Liebe Kinder“, begann die Mutter, „auch heuer haben wir wieder einen Adventkalender für euch vorbereitet.“ Während sie sprach, enthüllte der Vater ganz feierlich einen kleinen Turm, der aus lauter bunten Schachteln bestand. Jede Schachtel hatte eine Nummer, und natürlich waren es 24 an der Zahl.

„Was wird denn da wohl drin sein?“, dachten die Kinder.

„Ihr braucht jetzt gar nicht lange zu überlegen, was in den Schachteln drin sein könnte, die Schachteln sind nämlich leer. Unsere und eure Aufgabe wird es in den nächsten 24 Tagen sein, diese Schachteln mit sinnvollen Inhalten zu befüllen, und so möchten wir euch heute dazu einladen, jeden Tag bis Weihnachten eine gute Tat zu vollbringen, diese aufzuschreiben und am Abend in eine der Adventkalenderladen zu stecken. Jeden Abend werden wir unsere guten Taten vorlesen und wenn wir am 24. Dezember Weihnachten feiern, dann können wir uns besonders freuen, dass wir die Vorweihnachtszeit heuer so sinnvoll genutzt haben!“

Die Kinder waren begeistert! So einen tollen Adventkalender hatte niemand außer ihnen. Die guten Taten konnten beginnen. Lukas' erste gute Tat war, dass er freiwillig den Frühstückstisch abräumte, und Lisa half in der Schule ihrer Freundin, indem sie ihr in der Pause eine komplizierte Rechenaufgabe erklärte. Der Vater ließ im Stoßverkehr zur Arbeit mehr Autos als sonst die Vorfahrt, und die Mutter brachte eine selbst gebackene Torte ins Altenheim. So ging das jeden Tag. Je mehr gute Taten die Familienmitglieder vollbrachten, desto glücklicher wurden sie selbst. Es war so schön, Gutes zu tun. Auch wenn es oft nur Kleinigkeiten waren, lösten die guten Taten große Freude bei den Mitmenschen aus. Jeden Abend erzählten sich die Familienmitglieder gegenseitig, wie sie geholfen hatten, und das war besonders schön.

Lukas teilte sein Pausenbrot mit einem Schulkameraden, der seines vergessen hatte; Lisa borgte ihr Fahrrad her, weil es gerade dringend gebraucht wurde. Die Mutter wusch die Wäsche der Nachbarin mit, als deren Waschmaschine kaputtging, und der Vater half einer Frau, die eine Autopanne hatte, beim Reifenwechseln. Lisa gab einem Bettler zwei Euro in den Hut und Lukas hielt jetzt immer freudestrahlend allen alten und jungen Damen die Türen auf. Der Vater räumte den Geschirrspüler aus und die Mutter drehte der alten Nachbarin für das Krampuskränzchen die Haare ein. Und, und, und ... insgesamt waren es 24 x 4 gute Taten und sogar noch viele mehr, die nicht aufgeschrieben wurden.

Es gab so viel Gutes zu tun und am schönsten waren die Momente am Abend, wenn die guten Taten vorgelesen wurden. Die Familienmitglieder beschlossen einstimmig, ihre „Gute-Tat-am-Tag“ auch nach Weihnachten beizubehalten.

Großvaters Adventkalender

Es war einmal ... ein alter Mann, der kam eines Tages nach einem schweren Sturz ins Krankenhaus. Mehrere Wochen lag er schon im Spital und wie es aussah, würde er auch noch den ganzen Dezember in seinem Krankenbett verbringen müssen.

Das wäre einem anderen Mann vielleicht egal gewesen, aber nicht diesem alten Herrn. Er liebte die Vorweihnachtszeit und bastelte zeit seines Lebens die kreativsten und lustigsten Adventkalender für seine Enkel und früher natürlich auch für seine eigenen Kinder.

Aus Schachteln wurden die Kalender gebaut oder kleine Jutesäckchen hingen auf goldenen Wäscheleinen. Jedes Jahr ließ er sich etwas Neues einfallen, doch heuer würde er wohl keine Gelegenheit dazu haben.

Traurig lag er in seinem Krankenbett und obwohl ihn seine Enkel, Kinder und Freunde sehr häufig besuchten, war er nicht recht aufzuheitern, denn ihm war bewusst geworden, dass er dieses Jahr keinen eigenen Adventkalender für seine Lieben würde basteln können. Und er hätte doch schon so eine gute Idee gehabt!

„Nächstes Jahr, Opa! Nächstes Jahr bastelst du uns wieder einen Adventkalender, und heuer werden wir uns einfach einen kaufen und jeden Tag, wenn wir ein Türchen öffnen, ganz fest an dich denken!“

Das war ein schwacher Trost für den alten Mann. So begab es sich, dass der 1. Dezember nahte und der Alte immer trauriger und trauriger wurde. Doch hatten seine Enkelkinder zu Hause einen Plan ausgeheckt. Sie wollten den Großvater überraschen – mit einem ganz besonderen Adventkalender!

Es war wohl eine der nettesten Aktionen, die sich über das Internet wie ein Lauffeuer verbreiteten: „Wir suchen 24 Leute, die unserem Großvater jeden Tag eine Geschichte vorlesen“, hieß es da. Viele fanden diese Idee so gut, dass sie gerne mitmachten – ja so viele, dass es plötzlich weit mehr waren als 24! Es meldeten sich über 100 junge Leute, die sich in der

Vorweihnachtszeit an dieser besonderen Idee beteiligen wollten.

Die Enkelkinder trafen schnell eine Auswahl und ließen jedem Adventkalender-Teilnehmer eine vorweihnachtliche Geschichte aus dem Fundus des Großvaters zukommen. Es waren Geschichten, die ihnen der Großvater schon oft vorgelesen hatte. Es waren seine und ihre Lieblingsgeschichten.

Die Überraschung war groß, als am 1. Dezember ein wildfremdes Mädchen das Krankenzimmer betrat und sich wie folgt vorstellte: „Ich bin das Türchen Nummer eins deines ganz persönlichen Adventkalenders und ich lese dir jetzt eine Geschichte vor."

Der alte Mann war ganz gerührt und freute sich so sehr, dass seine Augen glänzten und ganz feucht wurden. Nachdem die Geschichte vorgetragen worden war, kamen die Enkelkinder gelaufen und weihten den Opa in ihren vorweihnachtlichen Plan ein.

Die schönen Geschichten taten dem alten Herrn so gut, dass er noch vor Weihnachten das Krankenhaus verlassen konnte. Die restlichen Geschichten bekam er zu Hause vorgelesen.

Auch für die 24 jungen Teilnehmer war es eine schöne Erfahrung, wieder einmal in Kontakt mit der guten alten Weihnachtszeit zu kommen. In den Geschichten von früher verbarg sich mancherlei Wunder und schöner Brauch. So wurde es dieses Jahr doch noch ein ganz besonderer Adventkalender, der nicht nur den alten Mann erfreute, sondern auch die Enkel und die 24 jungen Vorleser.

Märchen-Adventkalender für Kinder

1. Dezember
Der Adventkalender –

Es war einmal ... vor langer, langer Zeit. Da gab es noch keine Adventkalender, so wie wir sie heute kennen. Und auch damals waren die Kinder in großer Vorfreude auf das Weihnachtsfest und konnten es kaum erwarten, bis das Christkind am 24. Dezember die Geschenke brachte. Auch die Geschenke waren früher anders: Die Kinder bekamen ein Paar neue Schuhe, selbst gestrickte Socken, einen Schal, Äpfel, Nüsse und manchmal auch Süßigkeiten oder ein Spielzeug aus Holz. Doch eines war auch schon in früheren Zeiten so: Die Tage vor Weihnachten waren für die Kinder immer die längsten im Jahr.

Da gab es eine Familie mit neun Kindern und alle neun fragten den Eltern jeden Tag Löcher in den Bauch, wie lange es denn noch dauern würde, bis Weihnachten vor der Tür stand.

Auch dem Christkind blieb das in seinem Himmelreich nicht verborgen, dass sich die Kinder auf der Erde immer sehr auf Weihnachten freuten und den

Heiligen Abend kaum erwarten konnten. So flüsterte es der ältesten Schwester im Traum etwas ins Ohr, wie die Kinder die Wartezeit bis Weihnachten besser abschätzen konnten.

Am nächsten Tag malte die Älteste auf die Innenseite der Eingangstür 24 gut sichtbare Kreidestriche. Vier davon waren rot und fielen etwas größer aus. Die Geschwister machten große Augen, als sie diese merkwürdige Stricherlliste sahen: „Was ist denn das?“, fragten sie.

„Heute Nacht hat mich das Christkind besucht und es hat mir etwas verraten, wie wir uns noch mehr auf Weihnachten freuen können. Diese Stricherl auf der Tür sollen uns dabei helfen zu verstehen, wie viele Tage es noch bis zum Heiligen Abend sind. Jeder Strich steht für einen Tag. Die Adventsonntage habe ich rot gemalt, weil sie etwas ganz Besonderes sind. Jeder von uns darf jeden Tag immer wieder einen Kreidestrich wegwischen, dann können wir gut sehen, wie viele Tage noch übrig sind, bis das Christkind kommt!“

Die Geschwister waren begeistert. Natürlich wollten alle neun als Erstes einen Kreidestrich wegwischen. Das Jüngste durfte schließlich beginnen und so wechselten sich die Kinder jeden Tag ab. Nebenbei lernten die Kleineren jetzt ganz schnell das Zählen, denn alle wollten wissen, wie viele Tage noch bis Weihnachten übrig waren. Auf diese Weise geschah es, dass sich diese Tradition auch in anderen Häusern fortsetzte und eine beliebte Form des frühen Adventkalenders wurde.

2. Dezember
Keksebacken

Es war einmal ... eine Familie, in der halfen alle beim Keksebacken zusammen. Nur der kleine Roland hatte dieses Jahr einfach keine Lust und so spielte er lieber in seinem Zimmer, als sich in der Küche zu beteiligen. Mutter, Vater, Schwester Klara, Oma und Opa waren an diesem Nachmittag sehr fleißig und so duftete es bald nach leckeren Zimtsternen und Vanillekipferln. Irgendwie tat es Roland jetzt leid, dass er bei der Keks-Produktion nicht dabei gewesen war. Der Duft des vorweihnachtlichen Backwerks machte ihn schließlich so neugierig, dass er nun doch in die Küche ging, um nachzusehen, welche Kekse denn schon fertig waren. Der Rest der Familie war schwer beschäftigt, und so merkte die Mutter gar nicht, dass sich Roland heimlich ein Keks vom Backblech stibitzte, das gerade zum Auskühlen auf der Anrichte stand. Doch der Opa hatte ihn ertappt und musste jetzt herzhaft lachen: „Schaut her, unser kleiner Keksdieb!“

Ui, das war Roland jetzt aber peinlich „Zuerst nicht mithelfen wollen und dann als Erster ein Keks essen!“, beschwerte sich Schwester Klara und sah ihn vorwurfsvoll an. Schnell hatte es sich Roland anders überlegt und beschloss, jetzt doch noch mitzuhelfen. Er kam gerade noch rechtzeitig, um die Schokoladenglasur auf die Nusssterne aufzutragen. Das machte ihm richtig Spaß. Und noch dazu durfte er jetzt so viele Kekse essen, wie er nur wollte! Niemand bezeichnete ihn mehr als „Keksdieb“ und so war der kleine Bäckermeister am Ende des Tages sehr froh darüber, dass er mitgeholfen hatte. Und im nächsten Jahr würde er wohl von Anfang an wieder freiwillig mit dabei sein.

3. Dezember
Die einsame Socke

Es war einmal ... in der Vorweihnachtszeit, da gab es in der Sockenlade eine ganz besonders schöne Socke, sie war weiß-rot gestreift und fast unbenützt. Leider war die dazupassende zweite Socke schon lange verloren gegangen und so lümmelte die Einzelsocke alleine in der Lade herum. Die Sockenpaare erzählten immer wieder von ihren gemeinsamen Ausflügen mit den Menschen und die weiß-rot-gestreifte Socke fühlte sich vernachlässigt.

Eines schönen Tages, da griff die Mutter des Hauses zielstrebig nach dieser Socke und übergab sie der neunjährigen Tochter. Diese steckte sie in die Schultasche. Seltsam, dachte die Socke, was soll ich denn in der Schultasche? Am nächsten Tag kam die Socke mit in die Schule. Im Klassenzimmer packten alle Schüler eine einzelne Socke aus und übergaben sie der Klassenlehrerin.

Diese bastelte aus den verschiedenen Einzelsocken einen bunten Adventkalender für die Kinder. Jeden Tag durfte ein anderes Kind in eine Socke greifen, in der sich immer eine kleine Süßigkeit und eine vorweihnachtliche Geschichte befand. Die Lehrerin las den Kindern dann die Geschichte vor.

Die weiß-rot-gestreifte Socke freute sich sehr über ihre neue Funktion. So wie alle anderen 23 Einzelsocken. Nie wieder würde sie alleine sein, denn die Lehrerin bewahrte die Socken gemeinsam auf, um sie im nächsten Jahr wieder als Adventkalender zu verwenden.

4. Dezember
Das Eichhörnchen und der Schneehase

Es war einmal ... ein Eichhörnchen, das wollte für den Winter einen Vorrat an Nüssen anlegen. So sammelte es eine ganze Menge Haselnüsse und vergrub sie an einem geheimen Platz im Wald. Das Eichhörnchen war noch jung und so erlebte es in diesem Jahr seinen ersten Winter. Plötzlich war im Wald alles zugeschneit und die Landschaft sah jetzt ganz anders aus durch den vielen Schnee. Als das Eichhörnchen eines Tages hungrig wurde und nach seinen Nüssen suchte, da fand es den Platz im Wald nicht mehr, weil die weiße Pracht alles zugedeckt hatte, was ihm als Orientierungshilfe hätte dienen sollen. Das kleine Eichhörnchen fing bitterlich zu weinen an, denn wie sollte es jetzt jemals seine Nüsse wiederfinden? Da kam ein weißer Schneehase dahergehoppelt und fragte: „Warum weinst du denn?"

„Ich habe großen Hunger und finde meine Nüsse nicht mehr!", schluchzte das Eichhörnchen. Der Schneehase wollte helfen und lud das Eichhörnchen in seinen Bau ein. Hier gab es genügend Futtervorräte und so konnte sich das Eichhörnchen endlich wieder einmal satt essen. Und einen guten Tipp bekam es vom Schneehasen auch noch: „Wenn du wieder hungrig wirst, dann begib dich zu dem Haus am Waldrand. Es leben freundliche Menschen dort, sie füttern die Vögel in einem eigenen kleinen Häuschen, das auf einer Tanne befestigt ist. Du bist flink und kannst mühelos in das Futterhäuschen gelangen!" Das war wirklich eine gute Idee. Als das Eichhörnchen wieder hungrig wurde, befolgte es den Rat des Schneehasen und kletterte in das Vogelhäuschen. Es war geräumig gebaut und die Sonnenblumenkerne schmeckten fabelhaft. Die Vögel teilten gerne mit dem jungen Eichhörnchen, denn es gab den ganzen Winter lang genug Futter für alle.

Im Frühling schmolz der Schnee und das Eichhörnchen fand nun auch endlich seine versteckten Nüsse wieder. Es dachte an den hilfsbereiten Schneehasen und

besuchte ihn in seinem Bau. Jetzt brachte ihm das Eichhörnchen als Dankeschön ein paar seiner Haselnüsse mit. Doch als es den Hasen diesmal sah, da wunderte es sich sehr, denn nicht nur die weiße Schneepracht war verschwunden, sondern auch das weiße Fellkleid des freundlichen Hoppel. Dieser schmunzelte und erklärte dem Eichhörnchen, dass Schneehasen nur im Winter weiß tragen. Im Frühjahr verändert sich das Fell und wird braun. „Durch die weißen Haare bin ich im Winter nicht nur wärmer angezogen, sondern auch super gut getarnt!“, erklärte er. Das Eichhörnchen fand, dass dem Hasen auch seine braune Frühjahrsgarderobe sehr gut stand. Die Freundschaft der beiden dauerte ein Leben lang an. Und wenn es Winter wurde, dann verfärbte sich das Fell des Hasen wieder weiß und das Eichhörnchen suchte wie jedes Jahr seine Nüsse.

5. Dezember
Kramperljagen

Es war einmal ... an einem 5. Dezember. Die Freunde Peter und Robert heckten für diesen Kramperltag einen besonderen Plan aus. Denn es war in ihrem Dorf Brauch, dass man als besonders mutig galt, wenn man sich an einem 5. Dezember im Finstern aus dem Haus traute zum „Kramperljagen". Dabei galt es, die Kramperl herauszufordern, sie zu foppen und ihnen anschließend davonzulaufen und sich nur ja nicht erwischen zu lassen. Krampusgruppen waren an diesem Tag im ganzen Dorf unterwegs und sorgten für Angst und Schrecken, so hieß es. Doch kaum jemand hatte je einen Krampus getroffen, weil sich ja an diesem Tag fast niemand hinaustraute. Aber Peter und Robert wollten es heuer wissen. Nach Einbruch der Dunkelheit trafen sie sich am Ortsplatz und streiften durch die Straßen und Gassen. Nichts rührte sich, weit und breit war kein einziger Krampus zu sehen.

Kurz bevor die beiden nach Hause gehen wollten, hörten sie plötzlich ein wildes Kettenrasseln. Die Jungen versteckten sich hinter einem Müllcontainer und warteten, bis das Rasseln näher kam. Es schlotterten ihnen die Knie, doch wollten sie um jeden Preis echte Kramperl jagen. Es lag Schnee und so kam Peter auf die Idee, dem Krampus einen Schneeball nachzuwerfen. Natürlich müssten die beiden nach dieser Aktion die Beine in die Hand nehmen und davonlaufen. Peter war der bessere Schütze. So lautlos wie möglich formte er eine riesige Schneekugel. Als der Krampus in Reichweite war, schmiss er das Schneegeschoss in seine Richtung und traf ihn mitten auf den Kopf. Der zottelige Krampus mit der furchterregenden roten Maske schrie auf. Schnell rannten die beiden Jungen los. Der Krampus folgte ihnen. Die rasselnden Kettengeräusche kamen immer näher, der Krampus war größer und schneller als sie. Er packte Robert am Kragen seiner Jacke und wollte schon mit seiner Rute ausholen, als der Junge seinen ganzen

Mut zusammennahm und dem wild gewordenen Krampus seine Larve vom Kopf riss. Das war doch der Herr Röberrichter vom Haus nebenan! Dieser hielt sofort inne und schaute jetzt genauso überrascht drein wie Robert. Freund Peter beobachtete alles aus sicherer Entfernung und war beeindruckt vom Mut seines Freundes. Der entlarvte Krampus ließ von Robert ab und so kamen die beiden Buben noch einmal glimpflich davon. Am nächsten Tag erzählten sie in der Schule von ihren Heldentaten und freuten sich schon auf den Nikolaus, der sie an diesem Abend besuchen sollte.

Und wenn beim Nikolaus-Besuch auch ein Krampus vor der Tür stehen würde, dann wussten sie ja schon, was zu tun war.

6. Dezember
Der Nikolaus

Es war einmal ... ein kleiner Junge, der fürchtete sich sehr vor dem Nikolaus. Das ganze Jahr über hatte er damit angegeben, dass es ihm egal sei, was der Nikolaus zu ihm sagen würde, doch als der 6. Dezember nahte, da wurde die Angst vor dem Nikolaus immer größer. Zur Oma war er erst gestern noch frech gewesen, und ein Mädchen in der Schule hatte er geärgert, weil es eine Brille tragen musste. So viele Sachen fielen ihm jetzt ein, die er besser machen hätte können oder besser gar nicht hätte tun sollen. Aber nun war es zu spät. Es klingelte an der Haustür und der Nikolaus war da. Noch bevor dieser überhaupt den Mund aufmachen konnte, sprudelte der Junge selbst drauflos: „Es tut mir leid, dass“ ... und dann erzählte er dem Nikolaus alles, was nicht so gut war und was er besser hätte lassen sollen. Der Nikolaus nickte verständnisvoll und sagte kein Wort. Der Junge bekam ein kleines Geschenk und nahm sich fest vor, sich zu bessern. Er war heilfroh, dass der Nikolaus nicht geschimpft hatte. Und so kam es, dass der Junge ab sofort nicht mehr so viel Unfug anstellte und viel freundlicher wurde.

Ein Jahr später kam der Nikolaus wieder und dieses Mal hatte der Junge keinen Grund mehr, sich zu fürchten. Es wurde ein freundlicher Besuch. Und ein kleines Geschenk gab es auch wieder.

7. Dezember
Frau Holle

Es war einmal ... ein kleines Mädchen, das wünschte sich nichts sehnlicher als Schnee. Wie gern würde es im Garten einen Schneemann bauen und den kleinen Hügel im Dorf mit dem Schlitten hinuntersausen. So träumte es eines Nachts, dass es Frau Holle in den Wolken besuchte. Und als es sich so umsah, da sah es ganz viele Polster, die darauf warteten, aufgeschüttelt zu werden. So fragte das Mädchen Frau Holle, ob es denn beim Aufschütteln der Polster helfen könne? Frau Holle nickte und so machte sich das Mädchen an die Arbeit und schüttelte die vielen, vielen Polster im Himmelszelt kräftig aus.

Die ganze Nacht lang schüttelte das Mädchen und schüttelte und schüttelte. Und siehe da, als es am nächsten Morgen in seinem Bettchen erwachte und aus dem Fenster blickte, da überzog eine dicke Schneedecke die Landschaft. Das Mädchen freute sich über die wunderbare Schneepracht und hatte seinen Traum beinahe schon wieder vergessen. Doch als es später am Tag mit seinem Bruder einen Schneemann baute, bemerkte es, dass es in den Händen einen ordentlichen Muskelkater hatte, ganz so, als hätte es die ganze Nacht Polster ausgeschüttelt.

Also war es doch kein Traum gewesen! Frau Holle sah zufrieden auf die Erde herab und musste schmunzeln, denn schon lange hatte sie keine so fleißige Helferin wie jenes kleine Mädchen mehr gehabt.

8. Dezember
Der Adventkranz

Es war einmal ... im Advent. Da wurde in einer Familie der Adventkranzbrauch sehr intensiv gepflegt, und jeden Abend wurden die Kerzen angezündet und dazu Geschichten erzählt. Die Kinder liebten das und auch die Erwachsenen fanden diese Tradition sehr schön. Eines Tages fragte Julia ihre Mutter, was der Adventkranz eigentlich zu bedeuten habe und wo dieser Brauch herkomme. So erzählte die Mutter an jenem Abend die Geschichte des Adventkranzes:

„Es war einmal ... vor langer, langer Zeit. Da gab es einen guten Mann, der kümmerte sich in einer großen Stadt um die Waisenkinder. Er sorgte dafür, dass sie ein Dach über dem Kopf hatten und dass es ihnen an nichts fehlte. Auch Weihnachten feierten sie gemeinsam und so kam es, dass vor allem die kleineren Kinder ihn immer wieder fragten, wann denn endlich Weihnachten sei. Täglich beantwortete er unzählige Male die Wie-viele-Tage-denn-noch-Frage der Waisenkinder und kam schließlich auf eine Idee, wie sich die Kinder ihre brennende Frage nach der verbleibenden Dauer bis Weihnachten selbst beantworten könnten.

Früher, als es noch keine Autos gab, waren die Menschen viel auf Pferdewagen mit großen Holzrädern unterwegs. Der gute Mann war sehr einfallsreich und so bastelte er aus einem alten Wagenrad und Kerzen den ersten Adventkranz aller Zeiten. Dieser Adventkranz hatte damals noch 24 Kerzen und so konnten die Kinder leicht erkennen, wie viele Tage es noch waren, bis das Christkind geflogen kam. Jeden Tag durfte eines der Kinder eine weitere Kerze anzünden. Jeden Tag wurde der Adventkranz schöner und heller, weil immer mehr Lichter brannten. Die Adventsonntage waren mit dicken weißen Kerzen markiert, den Rest der Tage im Advent stellten dünnere, rote Kerzen dar. So wussten die Kinder immer ganz genau, wie lange die Wartezeit bis zum Heiligen Abend noch dauern würde.

Als zu Weihnachten eine freundliche Hausfrau kam, um den Waisenkindern ein paar süße Weihnachtskekse zu bringen, sah sie den Adventkranz, an dem alle Kerzen brannten. Er gefiel ihr so gut, dass sie im nächsten Jahr zu Hause auch für ihre Kinder einen bastelte. So hielt der Adventkranz bald auch in anderen Häusern Einzug und verbreitete sich schließlich als Adventkranz mit vier Kerzen in vielen Ländern der Erde.“

Die Geschichte war zu Ende und die Kinder klatschten in die Hände. Nun wussten sie, wo der Adventkranz herkam und was er zu bedeuten hatte. Jedes Mal, wenn sie nun vor dem vorweihnachtlichen Kranz saßen, dachten sie im Stillen an die Ursprünge dieses schönen Brauches, den sich ein einziger Mann ausgedacht hatte und der damit so vielen Menschen auf der Welt Freude bereitet hatte.

9. Dezember
Der sprechende Strohstern

Es war einmal ein Strohstern, der konnte sprechen. Nur in der Vorweihnachtszeit hatte er diese Gabe und nur ein einziges Mal konnte er davon Gebrauch machen. Die Sprache des Strohsterns verstanden natürlich nur Kinder. Dieser Strohstern wurde an einer Fensterscheibe im Wohnzimmer eines Hauses befestigt und sorgte dort für Weihnachtsstimmung. So geschah es, dass die Familienmitglieder nach dem gemeinsamen Singen und Vorlesen von Adventgeschichten eines Abends vergaßen, die Kerzen am Adventkranz auszulöschen. Der Strohstern am Fenster sah den Kerzen zu, wie sie immer weiter hinunterbrannten. Die Situation wurde schön langsam brenzlig, alle Familienmitglieder waren schon ins Bett gegangen, und eine Kerze am Adventkranz war schon fast ganz abgebrannt. So kam es, dass der Strohstern seine Gabe nutzte und die Kinder des Hauses beim Namen rief: „Lorli, Markus! Hört ihr mich!“

Immer wieder und wieder rief er nach den beiden Kindern und schließlich vernahm die kleine Lorli das zarte Strohsternstimmchen. Das Mädchen stand auf und lief ins Wohnzimmer. „Wer spricht denn da?“

„Ich bin es, der Strohstern am Fenster! Ich will dir sagen, dass die Kerzen am Adventkranz noch brennen und dass es schon bald gefährlich wird!“

Lorli erschrak. Ein sprechender Strohstern. Träumte sie? Aber jetzt entdeckte sie die brennenden Kerzen und erkannte die Gefahr. Schnell blies sie die Kerzen aus und verhinderte damit einen Brand. Lorli bedankte sich ganz brav bei dem Strohstern und ging wieder ins Bett.

Am nächsten Tag glaubte ihr natürlich niemand diese wundersame Begebenheit. Und der Strohstern schwieg still, denn er hatte ja nur diese eine Gelegenheit im Jahr, an der er sprechen konnte. Als die Eltern den Adventkranz sahen, wurden sie nachdenklich, anscheinend hatten sie wirklich vergessen, die Kerzen auszulöschen. Ab sofort gab es eine neue Hausregel, die dafür sorgte, dass die Kerzen am Adventkranz immer sofort nach dem Feiern ausgelöscht wurden. Der Strohstern am Fenster freute sich. Auch wenn niemand Lorlis Geschichte glauben wollte, hatte er doch mit seiner Gabe ein Unglück verhindern können.

10. Dezember
Auf dem Weihnachtsmarkt

Es war einmal ... auf einem Weihnachtsmarkt in der Stadt. Da trafen sich die Leute zum Plaudern, Würstelessen und Geschenkekaufen. An einem kleinen Stand bot ein Junge seine Holzschnitzereien an. Er war zum ersten Mal hier, aber das Geschäft wollte nicht recht ins Laufen kommen. Dabei hatte er sich so sehr bemüht! Das ganze Jahr über hatte er geschnitzt: kleine Engel, Krippenfiguren, Tiere aus Holz, Tannenbäumchen und vieles mehr. Nach der ersten erfolglosen Woche am Weihnachtsmarkt war er sehr enttäuscht und wollte seinen Stand schon fast schließen, da er noch keine einzige seiner Figuren verkauft hatte.

Genau an diesem Tag flog zufällig ein Weihnachtsengel vorbei und sah das traurige Gesicht des Jungen. Wir Menschen können Weihnachtsengel nicht sehen. Aber die Engel können uns sehen und wünschen sich, dass es uns gut geht. Schnell brachte der Engel in Erfahrung, was los war, und als er sah, wie viel Liebe und Zeit dieser Junge in seine Schnitzereien investiert hatte, beschloss er, sofort zu helfen. So flüsterte der Engel den Leuten am Weihnachtsmarkt zu: „Kauft die schönen Holzfiguren!“ Schnell hatte es sich herumgesprochen, dass es an jenem Stand so wunderbare Holzfiguren zu kaufen gab, und in nur wenigen Tagen hatte der Junge seine ganzen Schnitzereien verkauft. Er freute sich sehr und fasste neuen Mut.

Im nächsten Jahr kam er wieder, und da brauchte ihm der Engel schon gar nicht mehr zu helfen, denn nun warteten die Menschen schon auf seine schönen Figuren aus Holz. Sie stellten sie in die Weihnachtskrippen oder ins Fenster und verwendeten sie als Baumbehang für den Christbaum.

11. Dezember
Das Lebkuchenhaus

Es war einmal ... in der Vorweihnachtszeit. Da bastelten Miriam und Laurin gemeinsam mit Mama und Papa ein Lebkuchenhaus. Es wurde sehr schön, mit kleinen Fenstern und einem Schornstein. Die Kinder durften das Lebkuchenhaus auch noch mit Zuckerguss verzieren.

Miriam kam auf eine tolle Idee: „Wir können noch ein paar Gummibären vor die Tür stellen, dann hat das Lebkuchenhaus auch noch Bewohner!“ Der kleine Laurin lief ins Kinderzimmer, um ein Sackerl Gummibärchen zu holen. Mithilfe von Zuckerguss befestigten sie jetzt die kleinen bunten Bären vor dem Lebkuchenhaus und waren mit ihrem Werk sehr zufrieden. Als Laurin und Miriam am nächsten Morgen das Lebkuchenhaus bewundern wollten, da waren die Gummibären allesamt verschwunden. Seltsam, dachten sie, und hatten schon den älteren Bruder Johannes in Verdacht, sie verspeist zu haben. Doch dieser beteuerte, das Lebkuchenhaus nicht angerührt zu haben, „Ehrenwort!“ Laurin holte also wieder seine Gummibären und gemeinsam mit seiner Schwester Miriam befestigte er abermals ein paar grüne, gelbe, rote, orange und durchsichtige Bären rund um das Lebkuchenhaus. Am nächsten Morgen waren die Bärchen schon wieder verschwunden. Die Kinder wunderten sich sehr darüber. So ging das Spiel ein paar Tage, bis Miriam auf eine Idee kam: „Laurin, heute holen wir das Lebkuchenhaus in unser Kinderzimmer und bewachen es, damit wir endlich wissen, wo die Gummibärchen hinkommen!“

Gesagt, getan. In jener Nacht hielten die Kinder Wache, doch irgendwann waren sie doch eingenickt und mussten am nächsten Morgen feststellen, dass die Bären schon wieder weg waren. So ging das bis Weihnachten. Laurin und Miriam wurden nicht müde, die neuen Gummibären immer wieder vor das Lebkuchenhaus zu setzen, und immer wieder verschwanden diese über Nacht. Einen Tag vor Weihnachten hatten beide Kinder denselben

Traum. Ein Weihnachtswichtel erzählte ihnen, wo die Gummibärchen geblieben waren: „Eure Gummibären hatten einen wichtigen Weihnachtsauftrag zu erledigen. Wir hatten ein großes Personalproblem und sie halfen uns dabei, die Wunschzettel der Kinder einzusammeln."

Laurin und Miriam erzählten sich gegenseitig von ihrem seltsamen Traum. Als sie am Weihnachtsmorgen zum Lebkuchenhaus kamen, da konnten sie ihren Augen kaum trauen: Das ganze Lebkuchenhaus war voll mit Gummibären, sie waren alle wieder zurückgekommen. Wie freuten sich da die Kinder! Denn sie wussten ja jetzt, wie fleißig ihre Gummibären in den letzten Tagen gewesen waren.

12. Dezember
Die Weihnachtsmaus

Es war einmal ... eine Maus, die fand in einem Kinderzimmer eine kleine Weihnachtsmütze, die eigentlich für Puppen gemacht war. Draußen war es kalt und so dachte sich das Mäuschen, diese Haube würde wohl gut vor der Kälte schützen. Die Maus setzte sich das Mützchen auf das kleine Köpfchen und wollte schon ins Freie laufen, als sich ihr die Hauskatze in den Weg stellte. „Wo willst du denn hin?“, fragte die Katze. Die Maus ließ sich schnell eine Ausrede einfallen. „Ich helfe den Weihnachtswichteln, siehst du nicht, dass ich eine Weihnachtsmütze trage?“ Die Katze dachte nach und wusste nicht, ob sie der Maus glauben sollte. „Beweise es mir!“, befahl sie. Die Maus war ratlos. Doch noch bevor die Katze die Maus fressen konnte, erschien plötzlich tatsächlich ein Weihnachtswichtel und bestätigte, dass die Maus dem Wichtelvolk behilflich war. Da konnte die Katze natürlich die Maus nicht mehr fressen, wenn diese so einen wichtigen Auftrag hatte. Als die Katze verschwunden war, bedankte sich die Maus beim Wichtel und bot nun wirklich ihre Dienste an. Seit diesem Tag hilft die kleine Maus jedes Jahr in der Vorweihnachtszeit den guten Wichteln. Und natürlich trägt sie dabei ihre rot-weiße Weihnachtsmütze, die sie auch heute noch in der Vorweihnachtszeit vor hungrigen Katzen schützt.

13. Dezember
Die Weihnachtskerze

Es war einmal ... vor langer, langer Zeit. Da gab es in vielen Dörfern am Land noch kein elektrisches Licht und im Winter konnte man nicht viel sehen, wenn keine Kerzen im Haus brannten. In einer Familie in einem kleinen Dorf herrschte große Armut. Das Weihnachtsfest nahte und die Vorräte für den Winter wurden schon jetzt immer knapper. So kam es, dass die Familie bereits Mitte Dezember großen Hunger litt und die Not immer noch größer wurde. Die Großmutter erzählte davon, dass es in der großen Stadt viel zu essen gäbe und die kleine Enkelin hörte aufmerksam zu, als Oma berichtete, dass die Mädchen dort rosarote Schleifchen im Haar trügen. Das Mädchen wünschte sich nichts sehnlicher, als einmal in diese Stadt zu kommen. Als es am Abend hungrig zu Bett ging, betete es wie immer und schlief bald dabei ein. Sein Gebet war an diesem Abend so flehentlich gewesen, dass in der Nacht ein Weihnachtsengel zu Besuch kam. Mit diesem flog das Mädchen in seinem Traum in die große Stadt und durfte sich alle Geschäfte und schönen Häuser anschauen. In einer der Auslagen lag eine rosa Haarschleife aus Samt. Oh, wie diese dem Mädchen gefiel! „Möchtest du das Haarband haben?“, fragte der Engel. Das Mädchen überlegte und zeigte statt auf das rosarote Band auf eine große rote Kerze, die gleich daneben im Schaufenster stand. „Wenn ich mir etwas aussuchen darf, möchte ich lieber diese Kerze haben, damit wir es hell haben an Weihnachten!“, sagte das Mädchen.

Als es am nächsten Morgen erwachte, da herrschte große Aufregung im Haus. Mitten am Küchentisch stand eine rote Kerze. Von genau so einer Kerze hatte das Mädchen heute Nacht geträumt! Es freute sich und bedankte sich in Gedanken bei dem Weihnachtsengel für die milde Gabe. Die Kerze war so groß, dass sie der Familie noch bis lange nach Weihnachten die Winterabende erhellte.

Am Weihnachtsabend ereignete sich das nächste Wunder. Kaum war es dunkel

geworden, klopfte es an der Tür. Als die Mutter des Hauses öffnete, stand da ein riesengroßer Sack mit Lebensmitteln und obendrauf lag ein rosarotes Haarband für das Mädchen. Wie freuten sich da alle und ganz besonders natürlich die Kleine, die genau wusste, dass die Gaben vom Weihnachtsengel kamen. Das rosarote Haarband hielt das Mädchen ein Leben lang in Ehren. Der Weihnachtsengel hatte das Mädchen und seine Familie reich beschenkt, weil es in jener Nacht nicht selbstsüchtig gewesen war, sondern sich für etwas entschieden hatte, das der ganzen Familie half.

14. Dezember
Der kleine Igel

Es war einmal ... ein kleiner Igel, der erlebte seinen ersten Winter. Tief hatte er sich in seinem Blätterbett hinter einem großen Holzstoß eingegraben und wohlig warm war es dort. Doch der Holzstoß wurde immer kleiner, weil die Leute in diesem kalten Winter viel heizten, und eines Tages bekam der Igel so kalte Füße, dass er aufwachte und gar nicht wusste, wie ihm geschah. Er konnte einfach nicht mehr einschlafen und als der Morgen graute, war es ganz vorbei mit der Schlaferei. Was sollte er bloß tun? Alle anderen Igel, die er kannte, schliefen tief und fest, die konnte er nicht fragen. Doch da kam eine Elster geflogen, die zwar diebisch war, aber ein gutes Herz hatte. „Weißt du, wo ich den Winter verbringen kann?“, fragte der kleine Igel die Elster. Diese kam ja viel herum und sie wusste gleich Rat: „Jawohl, das weiß ich. Die Leute in diesem Haus, die haben schon einmal einen Igel über den Winter gebracht. Ich habe es genau gesehen. Und im Frühjahr ließen sie ihn wieder frei! Geh zu ihnen, sie werden dich aufnehmen, aber warte, ich habe noch etwas für dich.“ Und so flog die Elster davon, um ein paar Minuten später wiederzukommen. „Schau, diesen Ring habe ich voriges Jahr im Garten dieser Leute gefunden, wenn du ihnen das Schmuckstück wiederbringst, dann nehmen sie dich sicher freudig auf!“ Die Elster steckte den Ring in die Stacheln des kleinen Igels und wünschte ihm viel Glück. Der Kleine bekam jetzt große Angst: Zu den Menschen sollte er gehen, von diesen großen Wesen auf zwei Beinen hatte er bisher nicht viel Gutes gehört. Aber ihm blieb nichts anderes übrig, immerhin brauchte er dringend einen Schlafplatz für den restlichen Winter. So lief er zu dem Haus. Die Elster flog voraus und betätigte mit ihrem spitzen Schnabel die Türglocke. Die Hausleute öffneten und wollten die Türe schon fast wieder schließen, als sie den kleinen, putzigen Igel entdeckten, der sich auch noch ganz leicht einfangen ließ. Und was war das?

Der Igel hatte den verloren geglaubten Ehering der Mutter zwischen den Stacheln! Die Freude war groß und der Igel wurde sofort herzlich aufgenommen. Im Keller bekam er ein gutes Plätzchen in einer großen Schachtel voller Zeitungspapier. Hier konnte er in Ruhe überwintern. Er schlief auch gleich wieder ein, nachdem er es sich in seiner neuen Behausung gemütlich gemacht hatte. Und er wachte erst wieder auf, als es Frühling wurde und die Tage wieder länger dauerten. Die Elster freute sich, dass sie helfen hatte können, und so trafen sich Igel und Elster im Frühjahr wieder, um sich gegenseitig zu erzählen, wie sie den Winter verbracht hatten.

15. Dezember
Das Bilderbuch

Es war einmal ... ein Mädchen namens Leni, das hatte ein Lieblingsbilderbuch, das es sich jeden Tag gerne ansah. Es war ein weihnachtliches Büchlein, das die Geschichte eines kleinen Mädchens erzählte, das seiner Mutter beim Keksebacken half. Jeden Tag sah sich Leni das Bilderbuch an, und jeden Tag gab es etwas Neues zu entdecken. Da in der Ecke saß ein weißes Kätzchen. Und dort ganz links, da schaute das Christkind beim Fenster herein! Es war kurz vor Weihnachten und wie jeden Tag schlug Leni das Bilderbuch auf. Doch was war das? Auf Seite elf waren nicht wie gewöhnlich die fertigen Kekse auf dem Backblech zu sehen, sondern ein verzweifeltes Mädchen, das gemeinsam mit seiner Mutter nach den Keksen suchte. Plötzlich begannen sich die gezeichneten Figuren zu bewegen und nun hörte Leni das Mädchen aus dem Bilderbuch sprechen: „Leni, Leni, bitte hilf uns, alle unsere Weihnachtskekse sind gestohlen worden, komm schnell, du musst uns helfen, die Kekse zu finden!“ Kaum hatte Leni begonnen, darüber nachzudenken, wie es dem Mädchen aus seinem Lieblingsbilderbuch helfen konnte, da war sie schon selbst wie durch Zauberhand im Bilderbuch gelandet.

Gemeinsam mit dem Mädchen aus dem Buch machte sich Leni nun auf die Suche nach dem Keksräuber. Dieser war schnell gefunden, denn er hinterließ überall, wo er auftauchte, seine bröselige Spur – es handelte sich nämlich um das riesige Keksmonster. Da es schon viele, viele Kekse gegessen hatte, war es so dick geworden, dass es sich auch gar nicht mehr verstecken konnte. Die beiden Mädchen forderten gemeinsam das Keksmonster auf, die Kekse wieder herauszurücken. Schließlich waren diese für Weihnachten bestimmt und das Mädchen aus dem Bilderbuch hatte sich eine Riesenmühe beim Backen gegeben, damit die ganze Familie sich an den Keksen freuen konnte. Das Monster wurde jetzt ganz traurig, denn es hatte die Kekse bereits aufgegessen und konnte sie nicht mehr zurückgeben. Es bekam jetzt ein schlechtes Gewissen und fing auch noch zu weinen an. Als das Bilderbuchmädchen das sah, tat ihm das Monster, das ja eigentlich ganz nett war, fürchterlich leid. „Na gut", sagte das Mädchen aus dem Bilderbuch, „dann backen wir eben wieder neue Kekse! Leni, hilfst du uns?"

Natürlich half Leni gerne beim Keksebacken mit. Und das freundliche Keksmonster versprach, keine Kekse mehr zu stehlen, sondern in Zukunft auch selber welche zu backen. Und so half auch das Keksmonster beim Keksebacken mit und trug damit dazu bei, den Schaden wieder gutzumachen.

Leni war über ihrem Lieblingsbilderbuch eingeschlafen. Hatte sie das Abenteuer rund um die verschwundenen Kekse nur geträumt? Schnell schlug sie im Bilderbuch nach. Auf Seite elf waren nun wieder die fertigen Kekse zu sehen. Aber was war das? Auf Seite zehn tauchte plötzlich ein zweites Mädchen im Bilderbuch auf, das Leni vorher noch nie gesehen hatte. Und dieses Mädchen hatte zufälligerweise ganz große Ähnlichkeit mit ihr selbst. Das war jetzt eine große Freude! Als Dank für die Hilfe war Leni nun in ihrem Lieblingsbilderbuch verewigt.

16. Dezember
Das Lebkuchenherz

Es war einmal ... ein Bäckermeister, der hatte in der Vorweihnachtszeit – wie die meisten anderen Bäcker auch – alle Hände voll zu tun. Christstollen wollten gebacken werden, aus Lebkuchen entstanden ganze Häuser und die Weihnachtskekse gingen weg wie die warmen Semmeln.

So schuftete und schuftete er und war schon ziemlich geschafft, als eines Tages ein kleines Mädchen in seine Bäckerei kam und fragte: „Herr Bäcker, haben Sie auch Lebkuchenherzen?"

Der Bäcker dachte nach: Zum Muttertag fertigte er gerne welche an, aber zu Weihnachten, da wurde sein Lebkuchengebäck meist in Sternen-, Glocken-, Tannen- oder Nikolausform gewünscht. „Nein, leider, Lebkuchenherzen haben wir in der Weihnachtszeit nicht!"

Das Mädchen sah traurig drein und wollte die Bäckerei schon wieder verlassen. Doch der Bäcker hatte ein gutes Herz und so sagte er zu, heuer ausnahmsweise auch in der Adventzeit ein paar große Lebkuchenherzen zu backen. Das Mädchen strahlte und versprach wiederzukommen. Noch am selben Abend fertigte der Bäcker sieben wunderschön verzierte, weihnachtliche Lebkuchenherzen an.

Als das Mädchen ein paar Tage später mit seiner Mutter die Bäckerei betrat, da strahlte auch der Bäcker, denn er hatte selbst eine große Freude daran, dem Mädchen diesen ungewöhnlichen Gefallen zu tun. Die Mutter bedankte sich für die Umstände und gab ordentlich Trinkgeld. Jetzt wurde der Bäcker aber neugierig. „Für wen sind denn die Lebkuchenherzen gedacht?", wollte er wissen.

„Für meine Großmutter", sagte das kleine Mädchen. „Sie hatte früher immer so gerne Lebkuchenherzen ... und jetzt tut ihr das Herz weh ... und ich glaube, dass ihr ein Herz aus Lebkuchen ganz sicher dabei helfen kann, schnell wieder gesund zu werden!" Der Bäcker war gerührt und wünschte für die Genesung der Großmutter alles Gute.

Als das Mädchen das nächste Mal in die Bäckerei kam, berichtete es ganz aufgeregt, dass es der Großmutter schon viel besser gehe, und bestellte beim Bäckermeister weitere Lebkuchenherzen. Bis Weihnachten ließ sich die alte Dame die Lebkuchenherzen sichtlich schmecken, wurde tatsächlich wieder gesund und konnte das Krankenhaus verlassen.

Niemand wusste, ob es die Lebkuchenherzen gewesen waren, welche die alte Dame wieder genesen ließen. Aber der Bäcker hielt an der „herzlichen" Tradition fest und so gab es zeit seines Lebens das ganze Jahr über reich verzierte Lebkuchenherzen in seiner Bäckerei zu kaufen.

17. Dezember
Im Land des Christkinds

Es war einmal ... kurz vor Weihnachten, da hatte die kleine Mona-Laura einen seltsamen Traum. Sie war in einem Land, das war ganz und gar auf Weihnachten eingestellt: Kleine Engelchen backten Kekse, andere verpackten Geschenke und wieder andere lasen die Wunschzettel der Kinder in der Weihnachtswerkstatt laut vor. Alle arbeiteten fleißig dahin und nahmen von Mona-Laura gar keine Notiz. So konnte sie sich in Ruhe umsehen und entdeckte einen großen Geschenkeberg. Alle diese Geschenke waren mit kleinen Kärtchen versehen, auf denen die Namen der Kinder standen, zu denen sie das Christkind bringen würde. „Das Christkind!“, dachte Mona-Laura, das musste doch auch irgendwo hier sein. Da sah es hinter einer großen Wolke ein großes Strahlen hervorkommen, ja, das musste das Christkind sein. Doch ehe Mona-Laura einen Blick auf das Christkind erhaschen konnte, wachte sie auf. Schnell rannte sie zur Mutter, um zu verkünden, dass sie im Land des Christkinds gewesen sei, und jetzt wisse, wo die Geschenke herkämen, und dass sie beinahe das Christkind höchstpersönlich gesehen hätte. Das war wirklich ein schöner Traum gewesen! So freute sie sich auf Weihnachten und fand unter dem Christbaum viele schöne Geschenke, die mit kleinen Kärtchen versehen waren, auf denen ihr Name stand. Schnell machte Mona-Laura das Fenster auf, um vielleicht dieses Mal einen Blick auf das Christkind zu erhaschen. Und wirklich, da sah sie etwas im Tannenbaum vor dem Haus glitzern und funkeln. Ja, das Christkind war auf die Erde gekommen, um Mona-Laura und vielen, vielen anderen Kindern Geschenke zu bringen! „Danke, liebes Christkind!“, rief Mona-Laura in die Heilige Nacht hinaus und freute sich über ihre Weihnachtsgeschenke.

18. Dezember
Die Spielzeuglade

Es war einmal ... in einem Kinderzimmer. Da trafen sich in einer Schublade viele Spielsachen. Zinnsoldaten, Püppchen, Gummitiere und natürlich waren noch ein paar Außerirdische dabei. Alles Spielzeug, das klein genug war, in die Schublade zu passen, traf sich hier. Ein buntes Volk, zu dem kurz vor Weihnachten auch noch ein Nikolaus hinzukam. „Wer bist denn du?", fragten sie den Neuankömmling. „Ich bin der Nikolaus", sagte die rot-weiße Figur. „Komisch", meinte eines der Plastiktiere, „jedes Jahr um diese Zeit bekommen wir immer neue Bewohner in unserer Lade."

„Ja, das kommt davon, weil Weihnachten naht, und da bekommen die Kinder viele Spielsachen geschenkt!", gab der Nikolaus Auskunft. „Weihnachten?" Oft hatten die Figuren schon von diesem Fest gehört, aber was das eigentlich war, das wussten sie nicht. Der Nikolaus erklärte ihnen, wie Weihnachten funktionierte, und so beschlossen die Spielsachen heuer auch zu feiern. Kaum war es am 24. Dezember dunkel geworden, verließen sie heimlich die Lade und schlichen in den Flur. Von hier aus konnten sie den Christbaum sehen und die ganze Familie, die andächtig davorstand und Weihnachtslieder sang. Die Bewohner der Spielzeuglade waren begeistert. Sie fanden einen Tannenzweig und mit vereinten Kräften schafften sie ihn in ihre Lade. Hier sangen sie Weihnachtslieder, die ihnen der Nikolaus beigebracht hatte, und freuten sich auf das neue Spielzeug, das sie bald kennenlernen würden. Und wirklich, kaum war das Fest der Menschen vorbei, ging die Lade auf und einige neue Figuren zogen ein. „Komisch", dachte sich die jüngste Tochter, „warum liegt da ein Tannenzweig in meiner Spielzeuglade?" Doch sie fand, dass es auch ihre Spielzeugfiguren weihnachtlich haben sollten, und ließ den Tannenzweig dort. Die Spielsachen feierten weiter Weihnachten und waren schon neugierig auf Ostern, denn da würde es wieder Neuzugänge für die Lade geben.

19. Dezember
Kathie und die Kohlmeise

Es war einmal ... ein Vogelhäuschen in einem kleinen Garten. Das Vogelhaus war stets gut besucht und die ganze Menschenfamilie, in deren Garten es stand, liebte es, die Vögel zu beobachten. Die sechsjährige Kathie stand jeden Tag am Fenster und sah den gefiederten Flugkünstlern dabei zu, wie sie die kleinen Körner aufpickten, aufgeregt herumflatterten und dabei fröhlich zwitscherten.

„Feiern auch die lieben Vögel Weihnachten?", fragte Kathie eines Tages ihre Großmutter.

„Ja, natürlich! Weihnachten ist für alle da! Auch für die Tiere!"

Kathie freute sich, dass auch die Tiere Weihnachten feierten, und beschloss, für den 24. Dezember besonders viel Vogelfutter in das Häuschen zu geben.

Eines Nachmittags bemerkte Kathie, dass eine Kohlmeise nicht mehr aus dem Häuschen herausgeflogen kam, sie saß jetzt schon eine halbe Stunde lang im Vogelhaus, das war sehr, sehr ungewöhnlich. Kurz vor Einbruch der Dunkelheit, beschloss das Mädchen, in den Garten zu gehen und nach dem Rechten zu sehen. Die Kohlmeise rührte sich nicht von der Stelle. Nicht einmal als Kathie mit ihren kleinen warmen Händen nach dem Vogel griff.

„Kleines Vögelchen, was ist denn mit dir?"

Jetzt entdeckte Kathie, dass die Kohlmeise am rechten Flügel verletzt war. Vielleicht war sie gegen eine Fensterscheibe gedonnert? Auf alle Fälle brachte die kleine Vogelfreundin das Tier in Sicherheit. Als sie der Mutter das verletzte Vögelchen zeigte, wusste diese sofort, was zu tun war. Kathies Onkel war Tierarzt und den rief die Mutter jetzt an. Noch am selben Abend fuhren Mutter, Tochter und Kohlmeise in die Tierarztpraxis. Zum Glück war es nichts Schlimmes. Die Kohlmeise hatte sich den Flügel verrenkt und sollte bald wieder gesund werden.

Ein paar Tage durfte Kathie Krankenschwester spielen und den kleinen Vogel

bei sich im Kinderzimmer pflegen. Das gefiel sowohl dem Kind als auch der Kohlmeise recht gut. Bald schon flatterte das Vögelchen im Kinderzimmer herum und Kathie klatschte vor Freude in die Hände.

Doch dann hieß es Abschied nehmen, Kathie hätte die Meise sehr gerne behalten, doch verstand sie auch, dass ein Vogel in der Natur zu Hause ist und nicht im Kinderzimmer. Und nun konnte die Kohlmeise auch mit ihren Artgenossen Weihnachten feiern, das war für das kleine Mädchen ein besonders schöner Gedanke.

20. Dezember
Der Weihnachtswunsch

Es war einmal ... ein kleines Mädchen, das hatte einen großen Wunsch: Es wollte einen Tag lang so viele Süßigkeiten essen dürfen, wie es mochte. Da gab es einen kleinen Laden in der Stadt, in dem nur Süßigkeiten verkauft wurden. Manchmal ging die Mutter mit ihrer Tochter hinein, und dann gab es einen Lutscher oder eine Tafel Schokolade. Aber das Mädchen wollte eigentlich immer mehr, als es bekam. Das Naschen wäre nicht gesund, hieß es, aber warum schmeckte das Zuckerwerk dann so gut? Das kleine Schleckermäulchen schrieb auf seinen Wunschzettel für Weihnachten nur diesen einen Wunsch: „Einen Tag lang so viele Naschereien essen, wie ich will!"

Der Weihnachtswunsch des Mädchens wurde erfüllt. Unter dem Christbaum lagen Berge von Süßigkeiten und so beschloss die Naschkatze, sich gleich nach Weihnachten einen Tag lang nur davon zu ernähren und so viel wie möglich davon zu essen. Die Mutter erlaubte es ausnahmsweise, immerhin ging es um einen Weihnachtswunsch. Und da das Christkind so viele Leckereien gebracht hatte, war es wohl auch damit einverstanden. Und so kam es, dass das Mädchen an nur einem Tag sieben Tafeln Schokolade, fünf Sackerl Gummibärchen, drei Lutscher, 21 Kaugummis und zwei Sackerl Zuckerl verspeiste. Die Mutter ahnte schon, was kommen würde: Der Tochter wurde unsagbar schlecht von dem vielen Zuckerwerk. Zu viel ist zu viel, und das musste das Schleckermaul nun am eigenen Leib verspüren. Es hatte schon einen Sinn, warum man sich ausgewogen ernähren soll, mit Gemüse, Obst, Getreide und vielem mehr. Das Mädchen hatte eine neue Erfahrung gemacht, es wusste nun, dass es nicht funktionierte, sich nur von Süßigkeiten zu ernähren. Nie wieder kam es auf die Idee, auch nur annähernd so viel zu naschen. Und so hatte der süße Weihnachtswunsch doch noch einen Sinn.

21. Dezember
Das verschwundene Jesulein

Es war einmal ... in der Vorweihnachtszeit. Da wurde wie jedes Jahr im Advent eine Krippe im Wohnzimmer aufgestellt. Das Dach der Krippe bestand aus echter Baumrinde und den Boden bildete eine flauschige Moosschicht. Diese Weihnachtskrippe war ein Geschenk der Großmutter gewesen und etwas ganz Besonderes. Drei Engel standen auf einem Stück Holz und wenn man daran drehte, dann ertönte die „Stille-Nacht-Melodie“.

Doch ein paar Tage vor Weihnachten geschah das Unglück. Das Jesuskindlein war aus der Krippe verschwunden! Die Kinder weinten und die Mutter war außer sich. Der Vater wusste nicht, wo er noch suchen sollte, und die Großmutter durfte nichts davon erfahren. Das ganze Haus wurde abgesucht, die Katze verdächtigt, doch keiner konnte sich vorstellen, wo das Jesuskindlein hingekommen war.

Doch was die Menschen nicht wussten, war, dass es außer ihnen auch noch andere Hausbewohner gab. Eine Mäusefamilie wohnte ganz friedlich unter dem Dach und das jüngste der Mäusekinder wollte das Weihnachtsfest heuer unbedingt gemeinsam mit dem Jesuskind feiern. So hatte es die kleine Tonfigur eines Nachts aus der Weihnachtskrippe stibitzt und sie in die Mäusewohnung gebracht. Es versteckte das Jesulein und wollte die Mäusefamilie am 24. Dezember damit überraschen. Doch die Mäusemutter entdeckte das entwendete Jesuskind schon vor dem Heiligen Abend und schimpfte mit dem Mäusekind, dass man so etwas nicht tun dürfe. Schuldbewusst brachte das Mäuschen das Jesulein in der nächsten Nacht wieder in die Krippe zurück.

Am nächsten Morgen war die Freude der Familie groß. Die Kinder entdeckten das zurückgekehrte Jesulein zuerst.

Die Mäusemutter versprach ihrem Kind, dass sie in der Heiligen Nacht, wenn die Menschen schliefen, die Krippe besuchen würden. Somit konnte sich auch das Mäuschen wieder auf Weihnachten freuen und mit dem Jesuskindlein feiern.

22. Dezember
Der Weihnachtstisch

Es war einmal ... in einem Kaufhaus. Da stand ein wunderschön geschmückter Weihnachtstisch in einem großen Schaufenster. Darauf waren Kerzen, viele bunte Weihnachtskugeln, Tannenreisig und glitzernde, goldene Sterne. Kleine Weihnachtspackerl bedeckten seine Oberfläche und Glitzerketten rundeten das Bild harmonisch ab. Dieser Tisch war so schön, dass die kleine Lisa jeden Tag, wenn sie mit ihrer Mutter daran vorbeiging, stehen blieb und ihn bewunderte. Die Mutter erklärte, dass an diesem Tisch wohl am 24. Dezember das Christkind höchstpersönlich sitzen würde, weil er gar so schön gedeckt war. Am 24. Dezember musste die kleine Lisa unbedingt zu diesem Schaufenster gehen, denn sie wollte das Christkind unbedingt sehen! Und wirklich, als sich die Mutter endlich erweichen ließ und mitten in der Heiligen Nacht mit Lisa endlich zu diesem Schaufenster ging, da saß das Christkind mit seinen Weihnachtsengeln an diesem hell erleuchteten Weihnachtstisch. Die Mutter konnte das wunderbare Schauspiel nicht erkennen, denn nur Kinder haben die Gabe, das Christkind zu erblicken, aber Lisa war entzückt und freute sich, dass das Christkind so einen schönen Tisch bekommen hatte. Denn immerhin beschenkt das Christkind so viele Kinder auf der Erde, da sollte es doch selbst zu Weihnachten auch eine Freude haben.

23. Dezember
Briefe an das Christkind

Es war einmal ... in einer Volksschule. Da diskutierten drei kleine Mädchen darüber, wie denn ein Brief an das Christkind am besten ankommen würde. Marie war sich sicher, dass die Fensterbrettmethode die beste sei. Valerie bevorzugte den Christkindl-Postkasten im Einkaufszentrum und Viktoria schrieb ihre Briefe ans Christkind direkt an das zuständige Postamt im bekannten oberösterreichischen Ort Christkindl. Auch heuer wollten alle drei Mädchen einen Brief an das Christkind verfassen. Um sicher zu gehen, dass es das Christkind wirklich gab, schrieben sie je einen Wunsch in den Christkindl-Brief, der von den Eltern oder anderen Erwachsenen nicht erfüllt werden konnte.

Denn der freche Thomas aus der vierten Klasse hatte die drei unlängst schwer verunsichert, als sie in der Schulküche gerade das Mittagessen verspeisten und wieder einmal über ihre geliebten Christkindl-Briefe sprachen. Da meinte der Schlingel doch glatt, dass es das Christkind gar nicht gäbe!

„Und ob es das Christkind gibt!", fauchten ihn die Mädchen an.

Die Christkindl-Briefe wurden verfasst und auf das Fensterbrett gelegt, in den Christkindlpostkasten eingeworfen und nach Christkindl geschickt.

Die drei Extrawünsche waren ganz unterschiedlich, doch hatten sie wohl eine Gemeinsamkeit, denn man konnte sie nicht kaufen. Marie wünschte sich, dass ihre Katze bis Weihnachten wieder gesund würde. Das arme Tier war schon ziemlich alt und litt schon längere Zeit an einem Augenleiden. Marie hatte der Katze schon jeden Tag Augentropfen eingegeben, doch die Krankheit wollte und wollte nicht besser werden. Valerie hatte auch einen ganz besonderen Wunsch. Sie wünschte sich für die Weihnachtsferien ganz viel Schnee. Ob das Christkind auch Wetterwünsche erfüllen konnte? Bei Viktoria war es ganz einfach, ihr besonderer Wunsch an das Christkind lautete:

die Erlaubnis der Eltern, endlich mit dem Reitunterricht beginnen zu dürfen. Bis jetzt war die Mutter immer strikt dagegen gewesen, das Reiten wäre viel zu gefährlich.

Das Weihnachtsfest nahte und die drei Mädchen waren überglücklich, denn alle ihre Wünsche waren in Erfüllung gegangen. Maries Katze wurde plötzlich wieder gesund. In der Nacht vor Weihnachten schneite es so ausgiebig, dass in den gesamten Weihnachtsferien genug Schnee zum Ski- und Schlittenfahren lag. Und Viktoria durfte im Frühjahr endlich mit dem Reiten beginnen, da ihrer Mutter plötzlich wieder eingefallen war, dass sie in ihrer Kindheit auch so gerne reiten gegangen wäre.

Die Mädchen waren sich nun ganz, ganz sicher, dass es das Christkind wirklich gibt, immerhin hatten sie jetzt sogar Beweise dafür!

24. Dezember
Der kleine Bär feiert Weihnachten

Es war einmal ... in einem kleinen Tal, da lebte ein kleiner Bär und fühlte sich sehr wohl in seiner Haut. Seine Lieblingsspielkameraden waren die Katze Mauni, Sina das Reh und das Eichhörnchen Wurzel. Jeden Tag trafen sich die Tierfreunde und spielten miteinander. Eines Tages fragte das Eichhörnchen den kleinen Bären, was er sich denn heuer zu Weihnachten wünsche.

„Weihnachten?", fragte der kleine Bär. „Was ist denn das?"

Da Bären Winterschlaf halten, verschlafen sie auch jedes Jahr das Weihnachtsfest. Jetzt fingen die anderen Tiere an, von Weihnachten zu erzählen. Die Katze Mauni schwärmte, dass sie von ihrem Frauchen zu Weihnachten immer einen Festtagsaufschnitt bekam, und das Eichhörnchen Wurzel erzählte vom Tannenbaum, auf dem es wohnte und der zu Weihnachten immer so schöne Geschichten wusste. Und natürlich konnte auch das Reh von seinem Weihnachten im Wald berichten: dass der Förster dann immer besonders viel Stroh in die Futterkrippe legte und dass manchmal sogar Eicheln und Kastanien dabei waren.

Der kleine Bär wurde traurig, als ihm klar wurde, dass er dieses besondere Fest verschlafen würde. Doch seine Freunde hatten eine gute Idee! Sie würden dieses Jahr alle zu Weihnachten in seine Höhle kommen und ihn aufwecken!

Die Zeit verging, das Weihnachtsfest nahte. Der kleine Bär schlief tief und fest und träumte schon seit Wochen vom Heiligen Abend. In seiner Höhle war es kuschelig warm und das Schneekleid des Tales wurde immer dicker und dicker. Die Höhle des kleinen Bären war so stark verschneit, dass die Freunde am 24. Dezember den Eingang nicht und nicht finden konnten. Jetzt war guter Rat teuer. Da standen sie: Wurzel, Mauni und Sina mit ihren Weihnachtsgaben für den kleinen Bärenfreund und wussten nicht, wie sie zu ihm gelangen sollten. Zusammen

riefen sie nun nach ihrem Freund, so laut sie nur konnten:

„Kleiner BÄÄÄÄÄÄÄÄÄÄÄÄÄÄÄÄÄÄR! Wach auf, wir sind da, um Weihnachten mit dir zu feiern!“

Doch nichts rührte sich und der kleine Bär ließ sich nicht blicken, zu dick war die Schneedecke, er konnte die Freunde nicht hören und schlief tief und fest in seiner Bärenhöhle weiter.

Nun hatte die Katze Mauni einen Einfall. Sie schlug vor, die weise Eule zu fragen, die wusste doch sonst auch immer alles, vielleicht hätte sie auch dieses Mal einen guten Rat. So geschah es, dass die drei Tiere dem alten Federtier einen Besuch abstatteten. Die Eule freute sich über die nette Gesellschaft und begab sich mit Mauni, Wurzel und Sina zu dem Ort im Wald, wo sich die Bärenhöhle befinden musste. Sie zeigte auf eine ganz bestimmte Stelle im Schnee. Mauni und Wurzel begannen, mit ihren Pfötchen zu graben, und wirklich, hier war der Eingang zur Höhle! Schon von Weitem hörten die Freunde den kleinen Bären schnarchen. Katze Mauni hatte zur Sicherheit einen starken Kaffee mitgebracht, damit ihr Freund auch wirklich wach bleiben würde und gemeinsam mit ihnen das Weihnachtsfest feiern konnte. Ganz vorsichtig stupste Mauni nun den schlafenden Bären an: „Hallo, kleiner Bär! Aufstehen, es ist Weihnachten!!!“

Der Bär grummelte vor sich hin und wusste gar nicht, wie ihm geschah, doch dann schlug er plötzlich die Augen auf und erinnerte sich an das Versprechen der Freunde, ihn zu Weihnachten aufzuwecken! Hurra, sie waren wirklich gekommen! Der kleine Bär brauchte gar keinen Kaffee zum Munterwerden, viel zu aufregend war es, jetzt zum ersten Mal Weihnachten zu feiern!

„Ja, und wie geht das jetzt, das Weihnachtenfeiern?“, fragte er und rieb sich dabei die verschlafenen Bärenaugen.

Das Eichhörnchen Wurzel hatte einen Tannenzweig von seinem Hausbaum mitgebracht und Mauni war es gelungen, ein leckeres Weihnachtsgeschenk für den Bärenfreund aufzutreiben. Sina das

Reh erzählte eine Weihnachtsgeschichte, in der jede Menge Rentiere vorkamen. Schließlich kam auch noch die weise Eule zur Höhle hereingeflogen und brachte eine Kerze und Streichhölzer mit. Das Eichhörnchen zündete die Kerze an und der kleine Bär freute sich sehr über die feierliche Weihnachtsstimmung in seiner Höhle. Zum Abschluss des Weihnachtsbesuches erhielt er von seinen Freunden noch einen großen Topf voll Honig geschenkt.

Aber jetzt war es wirklich wieder Zeit für den kleinen Bären, sich schlafen zu legen. Er merkte, dass er schon sehr, sehr müde wurde und seinen Winterschlaf fortsetzen musste. Die Freunde verabschiedeten sich und gingen heim. Der kleine Bär schlief schnell wieder ein und träumte noch lange von seinem ersten Weihnachtsfest, das er mit seinen Tierfreunden gefeiert hatte.

1. Dezember
Heute ist Weihnachten!

Es war einmal ... an einem 1. Dezember. Da gab es einen kleinen Jungen, der konnte es einfach nicht erwarten, dass Weihnachten kam. So wie viele andere Kinder erhielt er am 1. Dezember von seiner Mutter einen Adventkalender geschenkt, der mit Schokolade befüllt war. Hinter jedem Türchen wartete eine kleine Süßigkeit. Jeden Tag sahen die Schokostücke anders aus. Doch alle Motive hatten irgendetwas mit Weihnachten zu tun. Warum der Junge das wusste? Weil er schon am 1. Dezember alle Türchen des Adventkalenders geöffnet und alle Schokostückchen aufgegessen hatte. So glaubte er, das Kommen des Christkinds beschleunigen zu können – vielleicht flog es ja sogar schon am heutigen Abend mit den Geschenken vorbei?

Die Mutter kam ins Kinderzimmer und wollte dem Sohn beim Aufhängen des Adventkalenders helfen. Als sie sah, dass der kleine Mann bereits alle Türchen geöffnet und die Schokolade restlos aufgegessen hatte, musste sie schmunzeln. Denn auch sie hatte in ihren Kindertagen auf dieselbe

Weise versucht, das Christkind schneller herbeizuholen.

„Mama, ich habe schon alle Türchen geöffnet, jetzt kann das Christkind kommen!“

Vollkommen überzeugt von seinem Erfolg, stellte der Junge den leeren Adventkalender ins Fenster, damit ihn das Christkind auch gut sehen konnte.

„Mein lieber Sohn“, sprach die Mutter, „du kannst so viele Türchen aufmachen und so viel Schokolade essen, wie du willst, das Christkind wirst du damit nicht überlisten können! Es kommt alle Jahre wieder an einem ganz besonderen Tag, nämlich am 24. Dezember. Und wir Menschen auf der Erde dürfen uns darauf freuen. Dazu hast du auch deinen Adventkalender bekommen, damit du dir deine Freude einteilen kannst, jeden Tag ein kleines Schokostückchen, jeder Tag bringt dir das Weihnachtsfest ein Stückchen näher.“

„Ja, aber das dauert doch noch ewig. Wie soll ich das denn nur aushalten, so lange zu warten?“

„Du musst lernen, Geduld zu haben, und dein Warten wird schließlich mit dem Weihnachtsfest und mit Geschenken belohnt. Außerdem hast du ja noch gar keinen Brief an das Christkind geschrieben und möchtest, dass heute schon Weihnachten ist?“

Der Junge dachte nach. Die Mutter hatte recht. Das würde doch gar nicht gehen, dass heute schon Weihnachten wäre, das Christkind wusste doch noch gar nicht, was er sich wünschte!

Schnell nahm er den Adventkalender wieder von der Fensterbank und sah traurig auf die offenen Türchen. Doch Mama wusste Rat, immerhin hatte sie diese Erfahrung ja auch in ihren eigenen Kindertagen gemacht.

„Weißt du was, wir befüllen deinen Adventkalender einfach wieder neu!“

Die Mutter schmolz in einem Kochtopf eine riesengroße Tafel Schokolade. Als die Schokolade flüssig war, nahm sie ein kleines Löffelchen zur Hand und befüllte liebevoll 23 Adventkalenderöffnungen

wieder mit Schokolade. Dann kam der Adventkalender in den Kühlschrank und eine Stunde später war er fast wie neu. Die Türchen wurden vorsichtig mit Klebeband verschlossen und so konnte sich der Junge jetzt wieder jeden Tag aufs Neue über seinen Adventkalender freuen.

Und den Brief ans Christkind schrieb er natürlich auch noch, aber das ist eine andere Geschichte!

2. Dezember
Der Brief an das Christkind

Es war einmal ... ein Mädchen, das hatte gerade schreiben gelernt. Das Mädchen war in diesem Jahr in die zweite Klasse Volksschule gekommen und freute sich besonders darauf, heuer seinen ersten selbst geschriebenen Brief an das Christkind zu verfassen.

In den Vorjahren hatte die Mutter dabei geholfen und manchmal wurde der Wunschzettel einfach gezeichnet. Doch heuer wollte das Mädchen selbst den Stift in die Hand nehmen und nicht nur eine Wunschliste, sondern einen ganzen Brief an das Christkind schreiben.

Liebes Christkind!

Ich schreibe dir heuer zum ersten Mal. Und ich hoffe, dass mein Brief gut bei dir ankommt. Ich wünsche mir zu Weihnachten einen neuen Schlitten für mich und für meine Katze Minki ein neues Körbchen, mit einem weichen Polster darin. Für die Mama wünsche ich mir einen neuen Geschirrspüler, weil der alte immer so rumpelt und sie sich dann so ärgern muss, und für den Papa einen Schraubenzieher, mit dem er sich nicht mehr so oft wehtut. Für meinen Bruder Peter wünsche ich mir, dass er in Zukunft netter zu mir ist, und für die Oma die Fernsehzeitschrift in großer Schrift. Für den Opa wünsche ich mir, dass seine Lieblingsfernsehserie endlich wiederholt wird.

Danke, liebes Christkind!

PS: Damit der Brief rechtzeitig bei dir ankommt, schreibe ich dir schon am 2. Dezember!

Das Mädchen steckte den Brief in ein Kuvert und legte ihn auf das Fensterbrett im Kinderzimmer. Statt einer Marke klebte es einen großen goldenen Stern darauf. An diesem Abend schlief das Mädchen schnell ein. Es träumte vom Christkind, wie es seinen Brief abholte und ihn aufmerksam las.

Und so ähnlich geschah es dann auch. Das Christkind kann natürlich nicht alle Briefe selbst einsammeln, da hat es viele kleine Helferlein, die vor Weihnachten ausschwärmen und die Christkindlpost gut in den Himmel bringen. Hier werden die Briefe gesammelt, sortiert und bearbeitet.

Am nächsten Morgen konnte es das Mädchen kaum erwarten, nach seinem Brief zu sehen. Ob er noch da war? Der Brief war verschwunden. Das Christkind hatte ihn also schon abgeholt. Handgeschriebene Christkind-Briefe werden besonders flott weitergeleitet, noch dazu wenn die kleinen Schreiber zum ersten Mal einen Wunschbrief schreiben. So kamen die Weihnachtswünsche des Mädchens ganz schnell im Himmel an, um sich an Weihnachten zu erfüllen.

Wie freute sich das Mädchen, als es unter dem Christbaum ein großes Packerl in Schlittenform erkannte! Katze Minki hüpfte mit einem Satz in ihr neues Körbchen und schnurrte zufrieden, als sie sich in den wohlig weichen Polster schmiegte. Der Geschirrspüler hörte zu brummen auf und surrte nur noch ganz leise, die Mutter sprach von einem Wunder. Als der Vater am Heiligen Abend das neue Küchenregal montierte, tat er sich gar nicht weh dabei und Bruder Peter war dieses Jahr zu Weihnachten ausgesprochen nett zu seiner Schwester. Die Weihnachtsausgabe des Fernsehprogramms war heuer doppelt so groß ausgefallen wie sonst und was konnte da die Großmama mit freiem Auge lesen: Die Lieblingsserie vom Großvater wurde endlich wiederholt, und das schon am Stefanitag!

Das Mädchen bedankte sich beim Christkind für die Erfüllung seiner Wünsche und freute sich schon darauf, in den Weihnachtsferien den neuen Schlitten auszuprobieren.

3. Dezember
Die guten Bäckersleute

Es war einmal ... in einer längst vergangenen Zeit. Da war es noch nicht selbstverständlich, dass man jeden Tag satt zu Bett ging, und viele Menschen litten auch in der Vorweihnachtszeit unter großem Hunger. So kam es, dass ein besonders armes Kind jeden Tag vor der Fensterscheibe eines Bäckerladens stand und mit großen Augen das herrliche Backwerk bewunderte.

Dem Bäcker blieb der ärmliche Junge nicht verborgen und so fasste er sich eines Tages ein Herz und ging mit einer Semmel in der Hand auf ihn zu. Dieser erschrak und wollte schon davonlaufen, doch als er die freundlichen Augen des Bäckers sah, fasste er Mut und blieb stehen. Zaghaft griff er nach dem Gebäck, das ihm der Bäcker entgegenstreckte.

„Wenn du morgen wiederkommst, dann geh gleich zu mir ins Geschäft herein, dann bekommst du wieder eine Semmel von mir!“

Es war Anfang Dezember, und da gab es schon leckeres weihnachtliches Backwerk für die feinen Leute zu kaufen. Und in der Bäckerei duftete es herrlich nach Lebkuchen und Zimtsternen, die gerade frisch aus dem Ofen kamen.

Der arme Junge traute sich fast nicht herein, doch der gute Bäcker bedeutete ihm mit einer einladenden Handbewegung, dass er herzlich willkommen war. Heute bekam er einen schön verzierten Lebkuchenziegel geschenkt und strahlte über das ganze Gesicht.

Dem Bäcker wurde ganz warm ums Herz. Seine Frau und er hatten selbst keine Kinder bekommen können und so fühlte er sich wohl bei dem Gedanken, einem Kind etwas Gutes tun zu können, auch wenn es nicht sein eigenes war.

So ging das bis Weihnachten. Der fremde Junge kam jeden Tag zur selben Zeit. Der Bäcker freute sich immer schon auf den kleinen Gast und auch die Bäckersfrau hatte den Buben schnell ins Herz geschlossen.

Am 24. Dezember schnürten die freundlichen Bäckersleute ein Paket für das Kind, voll mit leckeren Sachen aus der Bäckerei. Als der Junge zur Tür hereinkam, hatte er etwas in der Hand, ein Stück Papier, das fein säuberlich zusammengefaltet war. Er bat die guten Leute, das Papier erst am Weihnachtsabend auseinanderzufalten. Reich beschenkt verließ er die Bäckerei.

Als Herr und Frau Bäcker am Heiligen Abend das Papier aufschlugen, da glaubten sie, ihren Augen nicht zu trauen. Das Kind hatte das Blatt in kleine Kästchen aufgeteilt und jeden Tag das Backwerk hineingemalt, das es geschenkt bekommen hatte.

Der Junge hatte sich wirklich sehr bemüht und jede Semmel, jedes Stück Lebkuchen und jedes Kipferl detailgetreu nachgezeichnet. Auch die Bäckersleute fühlten sich reich beschenkt. Die Zeichnung des Kindes wurde in einem schönen Bilderrahmen verewigt.

Noch lange kam der Junge jeden Tag in die Bäckerei. Eine lebenslange Freundschaft entstand und noch im Erwachsenenalter besuchte der junge Mann seine guten Bäckersleute, die noch immer die Zeichnung des Knaben, der er einst war, in Ehren hielten und ihn zeit seines Lebens liebten wie ihr eigenes Kind.

4. Dezember
Die heiligen Barbarazweige

Es war einmal ... ein junges Mädchen, das wollte furchtbar gern heiraten. Es hatte von dem Brauch gehört, dass man am 4. Dezember frisch geschnittene Kirschzweige in eine Vase stellt und wenn diese bis Weihnachten aufblühen, dann war das ein gutes Zeichen für eine bevorstehende Heirat im kommende Jahr.

Jetzt war es aber so, dass der Geliebte des jungen Mädchens anscheinend ganz und gar nicht aufs Heiraten eingestellt war und es schon lange vergeblich auf einen Antrag wartete. „Vielleicht helfen mir die Zweige“, dachte das Mädchen und gedachte dabei der heiligen Barbara, die bitte dafür sorgen sollte, dass es im nächsten Jahr endlich so weit war mit dem Heiraten.

Im eigenen Garten standen nur Apfel-, Zwetschken- und Marillenbäume. Doch für diesen Brauch mussten es unbedingt Kirschzweige sein! Alles war recht, um an diese heiligen Zweige zu kommen. Im Garten des Nachbarn stand ein Kirschbaum, doch war es dem Mädchen peinlich, danach zu fragen. So schlich es sich am Vorabend des Barbaratages in den benachbarten Garten, um ein paar Kirschzweige zu schneiden.

Doch kaum setzte es beim ersten Zweig an, ging das Licht im Nachbarhaus an und der Nachbar schrie: „Wer da?“

Das Mädchen versteckte sich schnell hinter einem immergrünen Busch. Es hörte den Nachbarn noch etwas murmeln, doch schließlich wurde es wieder still.

Das Mädchen traute sich nicht zu rühren, über eine Stunde blieb es in seinem Versteck hocken. Es wurde ihm schon kalt und so musste es versuchen, ungesehen wieder ins eigene Haus zu gelangen.

So leise wie möglich verließ es den Nachbargarten, ohne die erhofften Barbarazweige, versteht sich, denn das hätte es sich jetzt nicht mehr getraut, noch einmal zu dem Kirschenbaum zu gehen, der genau vor dem Schlafzimmerfenster des Nachbarn stand.

Traurig schlief das Mädchen ein und dachte daran, am nächsten Tag Kirschzweige zu kaufen, irgendwo würde es sicher welche geben, vielleicht in einer Blumenhandlung in der Stadt.

Doch auch hier wurde das Mädchen nicht fündig. In allen Blumenhandlungen waren die Barbarazweige ausverkauft. Dann eben nicht, dachte es trotzig. Das Thema Barbarazweige war für diesen Advent abgeschlossen.

Am Abend kam der Freund des Mädchens zu Besuch. Er hatte etwas mitgebracht. Eine kleine Überraschung, die für große Freude sorgte: Barbarazweige, echte Kirschzweige! Das Mädchen fiel seinem Schatz um den Hals und bedankte sich herzlich. Dieser wusste natürlich Bescheid über den Heiratswunsch, der vielleicht bald in Erfüllung gehen würde.

Schnell wurden die Zweige in eine schöne Vase gestellt und die Hoffnung des Mädchens war groß, dass die Barbarazweige am 24. Dezember erblühen würden.

Und wie sie erblühten, die heiligen Zweige, als hätte die heilige Barbara auch noch ein wenig mitgeholfen, weil sich die Blüten gar so üppig öffneten. Ein schönes Zeichen, das sich im kommenden Jahr in einen Heiratsantrag verwandelte. Und das Mädchen sagte natürlich ja!

Und wenn sie nicht gestorben sind, dann schenkt jener Mann seiner Frau noch heute Kirschzweige am Barbaratag, als Zeichen ihrer immer noch blühenden Liebe.

5. Dezember
Eva im Advent

Es war einmal ... eine Zeit, in der die Adventzeit als Fastenzeit galt. Das ist wirklich schon lange her und die wenigsten Menschen wissen heute noch davon, geschweige denn kämen sie auf die Idee, in den vier Wochen vor Weihnachten auf etwas zu verzichten.

So kam es, dass Eva eines Nachts nachdenklich wurde, als sie von der Firmen-Weihnachtsfeier nach Hause ging, bei der wie jedes Jahr zu viel Alkohol getrunken und natürlich viel zu viel gegessen worden war.

Sie überlegte und musste feststellen, dass diese Weihnachtsfeier heute alles andere als besinnlich gewesen war. Auch der Termin war früh gewählt, am 5. Dezember eine Weihnachtsfeier? Aber warum nicht, die Firma ihrer Schwester lud bereits Mitte November die Belegschaft zur alljährlichen Weihnachtsfeier ein. Doch was hatten diese Feiern eigentlich mit Weihnachten zu tun? Rein gar nichts. Es wurde weder gesungen noch wurden Geschichten vorgelesen. Und das Wichtelspiel war mangels Interesse der Kollegen vor ein paar Jahren aufgegeben worden.

Allein die Dekoration des Extrastüberls des Gasthauses erinnerte an die Adventzeit. Ein Adventkranz, ein paar Tannenzweige und Weihnachtssterne aus Plastik schmückten den Raum. Doch insgesamt ging es den Leuten bei dieser Feier nur um das kostenlose Essen und Trinken. Manche der Kollegen tranken sich einen Rausch an und fingen wie jedes Jahr zu streiten an. Der Chef war bald wieder weg, er hatte angeblich noch eine andere Weihnachtsfeier, die er besuchen musste.

So ließ Eva beim Heimgehen diese Feier noch einmal Revue passieren und fühlte sich dabei trotz vollem Magen und beschwipstem Hirn irgendwie leer.

Auf dem spätabendlichen Heimweg kam sie an einer Kirche vorbei. „Rorate-Gottesdienste" las sie, so etwas kannte sie nicht. Eva war zwar katholisch, war aber eher eine Taufscheinkatholikin. Was es mit der Adventzeit auf sich hatte, wusste sie irgendwie vom Gefühl her, aber gelebt hatte sie den Grundgedanken des Advents schon lange nicht mehr.

So nahm sie sich vor, eine dieser Rorate-Messen zu besuchen. Sie würde bald aufstehen müssen, da die Messen immer früh am Morgen stattfanden. Das war normalerweise gar nicht ihr Ding, doch irgendetwas in ihrem Inneren sehnte sich nach diesem alten Kirchenbrauch, der sie vielleicht sogar ein wenig in Weihnachtsstimmung versetzen würde.

Am nächsten Morgen war ihr vom vielen Essen und Trinken übel. Doch sie erinnerte sich noch an ihre Idee, eine Rorate-Messe zu besuchen. Sie googelte und musste feststellen, dass diese Messen bereits um 6 Uhr in der Früh stattfanden. So bald? Nun gut, Eva wollte es versuchen. So stand sie ein paar Tage später um 5 Uhr auf, um bereits eine Stunde später in der Kirche zu sitzen. Viele Leute waren nicht da, sieben hatte Eva ohne Pfarrer gezählt.

Bald sangen die wenigen Kirchenbesucher aus voller Brust: „Rorate caeli desuper, et nubes pluant iustum: aperiatur terra, et germinet Salvatorem", was auf Deutsch so viel heißt wie: „Tauet Himmel, von oben, ihr Wolken, regnet den Gerechten: Es öffne sich die Erde und bringe den Heiland hervor." Das fand Eva allerdings erst zu Hause heraus.

Sehr schön war das und obwohl Eva den lateinischen Text nicht verstand, berührte sie dieses Lied sehr. Eine wundervolle vorweihnachtliche Erfahrung bedeutete diese Rorate-Messe für sie. Endlich fühlte sie sich ein bisschen in Weihnachtsstimmung versetzt.

Eva beschloss, bei den nächsten Weihnachtsfeiern nicht mehr so über die Stränge zu schlagen, und besorgte sich Texte für weihnachtliche Lieder. Eine schöne Weihnachtsgeschichte zum Vorlesen fand sie auch noch und so schaffte sie es ein paar Tage später, bei der Weihnachtsfeier der Turnrunde alle ihre Turnkolleginnen so richtig in Weihnachtsstimmung zu versetzen.

Auf die Frage, warum sie nur Mineralwasser trinke, antwortete Eva, dass sie heuer die Adventzeit ein bisschen bewusster erleben wolle. Den anfänglich verständnislosen Blicken folgte nachdenkliches Stirnrunzeln und so hatte Eva an diesem Abend so manche Dame zur „Besinnung“ gebracht.

Advent ist eine Zeit, in der jeder Mensch die Möglichkeit hat, sich auf sein ganz persönliches Weihnachten vorzubereiten. Egal ob man in die Kirche geht oder nicht, wichtig ist, dass das Bewusstsein für Weihnachten da ist.

6. Dezember
Warum der Nikolaus nicht zu Weihnachten kommt

Es war einmal ... an einem 6. Dezember. Da kam wie jedes Jahr der Nikolaus ins Haus. Der kleine Alexander freute sich schon sehr darauf und weil er ein braver Junge war, lobte ihn der Nikolo auch heuer wieder.

Ein kleines Säckchen hatte der Nikolaus auch mitgebracht. Und das war gut so, denn der kleine Alexander wäre wohl enttäuscht gewesen, wenn er vom heiligen Gabenbringer, nichts geschenkt bekommen hätte.

Kaum war der Nikolaus aus dem Haus, begab sich der kleine Alexander schon wieder zu seinem Adventkalender und zählte die Türchen. Das machte er jeden Tag so, manchmal auch zwei Mal. Und dann seufzte er, weil es noch so lange dauerte, bis die „richtigen" Geschenke vom Christkind gebracht würden.

„Warum kann denn nicht schon heute Weihnachten sein?", jammerte der kleine Junge und sah traurig auf die erst sechs offenen Adventkalendertürchen.

Die Mutter wollte den Sohn beschwichtigen und versuchte ihm zu erklären, dass alles im Leben seine Zeit habe und dass es doch schön wäre, im Dezember gleich zwei Mal etwas geschenkt zu bekommen. Zuerst eine Kleinigkeit vom Nikolaus und dann die großen Geschenke vom Christkind.

„Aber warum ist das so?", fragte Alexander. „Warum können der Nikolaus und das Christkind nicht einfach tauschen? Mir wäre es viel lieber, wenn das Christkind schon heute gekommen wäre und der Nikolaus erst zu Weihnachten!"

Die Mutter dachte nach. „Warum das so ist? Das ist eine wirklich gute Frage! Am besten wir fragen den Onkel Gerhard, der weiß doch immer alles!"

Am nächsten Tag wurde Onkel Gerhard zum Nachmittagskaffee eingeladen. Ganz aufgeregt war der kleine Alexander, weil er sich so auf seinen Onkel freute und dass er dann endlich seine brennende Frage stellen konnte.

„Onkel Gerhard, Onkel Gerhard, warum kommt denn das Christkind erst so spät, glaubst du nicht auch, dass es mit dem Nikolaus tauschen könnte? Dann würde ich meine Weihnachtsgeschenke schon viel früher bekommen und müsste nicht so lange darauf warten!"

Onkel Gerhard musste schmunzeln. Sein kleiner Neffe hatte nämlich gar nicht so unrecht mit seiner Idee, denn vor langer, langer Zeit, da bekamen die Kinder vom heiligen Nikolaus noch am 6. Dezember die „richtigen" Geschenke.

„Lieber Alexander, stell dir vor, es war einmal vor langer, langer Zeit, da brachte der Nikolaus schon am 6. Dezember die Geschenke, die wir heute erst am 24. Dezember vom Christkind bekommen. Der Nikolaus ist ein heiliger Mann, doch das wollte ein anderer Mann, viele, viele Jahre später nicht gelten lassen, dass dieser Herr Nikolaus etwa als heiliger angesehen wurde als das Christuskind selbst. Dieser Mann hieß Martin Luther, er gründete eine eigene Religion und beschloss, dass die „richtigen" Weihnachtsgeschenke in Zukunft vom Christkind höchstpersönlich gebracht werden sollten. Doch weil es die Kinder im Land so gern hatten, dass am 6. Dezember der Nikolaus kam, beschloss der heilige Nikolaus, weiterhin Gaben zu bringen. Er einigte sich mit dem Christkind, dass er die kleineren Geschenke bringt. Und die Menschenkinder bekommen seit damals zwei Mal Geschenke! Das ist doch toll!"

Dass das Christkind heiliger und damit wichtiger als der Nikolaus war, leuchtete dem kleinen Alexander ein. Doch dass er trotzdem noch so lange bis Weihnachten und auf seine Geschenke warten musste, das konnte er noch immer nicht verstehen.

„Die beiden können doch trotzdem die Tage tauschen!", schlug Alexander vor.

„Ja, aber dann würdest du vom Christkind am 6. Dezember auch nur kleine Geschenke bekommen! Stell dir vor, die Adventzeit beginnt Anfang Dezember, da hätte das Christkind ja gar nicht genügend Zeit, für alle Kinder die vielen großen Wünsche zu erfüllen!"

Diese Erklärung fand der kleine Alexander schließlich logisch. Denn sein Wunschzettel an das Christkind war himmellang. Diese vielen Geschenke könnte das Christkind unmöglich in nur sechs Tagen besorgen!

„Und noch etwas, mein Kleiner. Zu Weihnachten geht es nicht nur um die Geschenke, sondern auch um die Freude über die Geburt Christi. Und stell dir vor, du kannst dich jetzt noch so lange freuen, dass das Christkind bald auf die Erde kommt und dir auch noch viele schöne Gaben bringt!"

Der kleine Alexander kannte die Jesusgeschichte, und er wusste auch, dass zu Weihnachten die Geburt von Jesus Christus gefeiert wird. So ergab schön langsam alles einen Sinn für den Jungen und letztendlich sah er doch noch ein, dass Nikolaus und Christkind nicht miteinander tauschen können. So freute er sich noch mehr auf das Fest der Feste und konnte es noch immer kaum erwarten, bis alle 24 Türchen seines Adventkalenders offen stehen würden. Nur noch 18 Mal schlafen, dann war es so weit!

7. Dezember
Der Weihnachtsdackel

Es war einmal ... ein kleiner Dackel, der war sehr schlau. Er lernte schnell von seinen menschlichen Freunden und fand auch an ihren Gebräuchen Freude.

So geschah es eines Tages zur Weihnachtszeit, dass der Dackel in einem Kaufhaus einem verkleideten Weihnachtsmann nicht mehr von der Seite weichen wollte. Die Leute im Shoppingcenter waren amüsiert, die Besitzerin des Dackels anfangs auch, doch irgendwann wollte sie dann doch nach Hause, aber ihr kleiner Hund wollte das ganz und gar nicht. So nahm sie den Dackel schließlich auf den Arm und trug ihn fort. Dieser bellte und winselte und auch der Weihnachtsmann im Kaufhaus hatte sich schon an seinen neuen kleinen Begleiter gewöhnt.

Zu Hause wollte das Gewinsel kein Ende nehmen, bis Frauchen endlich versprach, am nächsten Tag wieder den Weihnachtsmann im Einkaufszentrum zu besuchen.

Die Wiedersehensfreude war groß, der Dackel stürmte auf den rot-weiß-verkleideten Mann zu und wedelte aufgeregt mit dem Schwanz. Die Besitzerin des Hundes machte dem weißbärtigen Mann einen Vorschlag. Sie wollte ihren Hund bei ihm lassen und in der Zwischenzeit ihre Weihnachtseinkäufe erledigen. Das war eine gute Idee, der Kaufhausweihnachtsmann freute sich über den vierbeinigen Besucher und der Dackel sowieso. So ging das ein paar Tage dahin. Die Frau brachte am Vormittag ihren Hund und holte ihn am Abend kurz vor Ladenschluss wieder ab. In der Zwischenzeit hatte der Dackel bereits eine eigene rot-weiße Weihnachtsmütze bekommen.

„Was ist nur los mit meinem Hund?“, fragte sich Frauchen.

Die ungewöhnliche Freundschaft war natürlich auch im Shoppingcenter nicht unbemerkt geblieben, der Weihnachtsmann mit seinem Weihnachtsdackel wurde zur Kaufhaus-Attraktion. Schon bald liefen Videos der beiden im Internet und

alle möglichen Leute kamen, um die beiden zu sehen.

In einem Interview gab der Weihnachtsmann an, dass er sich schon immer einen Hund gewünscht habe und dass dieser nun wie durch ein Wunder zu ihm gekommen sei, auch wenn er ihm eigentlich ja nicht gehörte. Eine schöne Geschichte, die tags darauf in allen Zeitungen stand.

Es ist wirklich so, in der Vorweihnachtszeit, da passieren gerne Wunder, wenn wir sie zulassen. Dieser Mann wollte sich durch seinen Vorweihnachts-Job etwas dazuverdienen, da er immer auf Arbeitssuche war, und so streifte er jeden Tag missmutig als Weihnachtsmann verkleidet im Einkaufszentrum herum und musste sich von den kleinen Kindern auch noch anhören, was sie sich zu Weihnachten wünschten. Doch seit sein Freund der Dackel ihn jeden Tag besuchte, hatten sich der Kaufhausjob und damit verbunden sein ganzes Leben zum Positiven verändert. Der kleine Hund mochte ihn, ja genau ihn! Oder doch nur sein Kostüm? Das war jetzt eine wirklich gute Frage. Aber natürlich meinte der Dackel den Mann selbst und nicht seine Verkleidung! Der Mann wurde immer fröhlicher, weil der Dackel ihm so treuherzig hinterherlief. Und sein kratziges Kostüm nahm er jetzt ernsthaft zum Anlass, Weihnachtsfreude zu verbreiten. Er hörte den Kindern aufmerksam zu, sah ihnen in die Augen und sprach so mit ihnen, wie man es sich als Kind von einem Weihnachtsmann wünschen würde. Und auch der Dackel freute sich, als er merkte, dass sein Teilzeit-Herrchen immer freundlicher und lustiger wurde. Sein Job machte dem Mann jetzt richtig Spaß und der kleine Hund war jeden Tag an seiner Seite.

So kam es, dass der Weihnachtsmann und der Dackel Freunde fürs Leben wurden. Die Besitzerin war froh, wenn der neue Hundefreund mit dem Dackel spazieren ging, und so war beiden Seiten geholfen.

Aus dem trostlosen Leben des Mannes, der einst missmutig in einem billigen Weihnachtsmannkostüm steckte, war ein

ausgeglichener Mensch geworden, der sein Leben selbst in die Hand nahm. Und auch jede Menge Hundeleinen, denn er hatte seine Liebe zu den Tieren entdeckt. Er eröffnete einen Hundesalon und einen Hundesitter-Service, bei dem er vor allem mit Hunden von alten Damen spazieren ging, die selbst nicht mehr so gut zu Fuß waren.

So wurde dank eines Dackels aus einem „falschen“ Weihnachtsmann ein „echter“ und aus einem arbeitslosen Griesgram ein fröhlicher Hundesitter.

8. Dezember
Der heilige Einkaufstag

Es war einmal ... an einem 8. Dezember. Da fuhr die ganze Familie zum Einkaufen in ein Shoppingcenter. Der kleine Jonas wurde im Kinderland abgegeben und die Eltern shoppten sich stundenlang durch die Hallen. Viel wurde gekauft und dicht war das Gedränge in den Geschäften.

Beim Heimfahren fragte der kleine Jonas seine Eltern: „Wir haben im Kinderland gelernt, dass heute ein großer Feiertag von der Mutter vom Jesuskind ist und dass man da eigentlich nicht einkaufen soll. Aber warum haben denn dann die ganzen Geschäfte offen?"

Die Mutter packte das schlechte Gewissen, sie hatte nicht damit gerechnet, dass gerade ihr kleiner Sohn sie mit dieser heiklen Frage konfrontierte. Doch jetzt musste sie ihm erklären, warum sie heute einkaufen gewesen waren, so gern hätte sie ihm diese 8.-Dezember-Geschichte verschwiegen. Apropos, der Vater schwieg auch. Er wollte sich da jetzt nicht einmischen, viel zu kompliziert fand er diese Thematik, die, da es sich ja um einen Marienfeiertag handelte, eindeutig Frauensache war.

„Ja, weißt du, Jonas, die Mutter vom Jesuskind können wir ja trotzdem ehren, auch wenn wir einkaufen waren!" Jonas war ohnehin schon wieder zufrieden, denn er spielte mittlerweile mit dem Handy seiner Mutter und hatte ganz auf den Marienfeiertag vergessen.

Bis jetzt hatte sie sich noch nie besondere Gedanken darüber gemacht, ob sie an diesem Feiertag einkaufen gehen sollte oder nicht. Aber nun war es so weit. Zu Hause las sie in ihrem großen Advent- und Weihnachtsbuch aus der Kindheit nach: „Am 8. Dezember feiern wir die Empfängnis der heiligen Maria durch ihre Mutter, die heilige Anna." Ach ja, so war das gemeint mit „Mariä Empfängnis", nicht das Christuskind wurde an jenem Tag empfangen, sondern die Mutter Jesu selbst!

Ihr aufgefrischtes katholisches Wissen wollte die Mutter nun an ihren Sohn weitergeben. Und so erklärte sie Jonas die

Bedeutung dieses Marienfeiertages. Gemeinsam entzündeten Mutter und Sohn eine Kerze und sprachen dann auch noch ein kleines Mariengebet. Das fühlte sich jetzt wirklich gut an. Vor allem für die Mutter, und der kleine Jonas mochte Kerzen sowieso sehr gern. Die Familie ging auch im nächsten Jahr am 8. Dezember wieder einkaufen, doch hielten Mutter und Sohn an der schönen Tradition fest, am 8. Dezember eine Kerze anzuzünden und ein Gebet zu sprechen.

9. Dezember
Der Weihnachtswichtel

Es war einmal ... ein besonders beherzter Weihnachtswichtel, der hatte großes Verständnis für die Menschen und versuchte in der Vorweihnachtszeit so gut wie möglich zu helfen, dass diese immer hektischer werdende Zeit gut überstanden werden konnte. Man möge nun denken, „überstanden"? Sollte es nicht heißen: so besinnlich wie möglich verbracht werden kann? Nun ja, auch die Weihnachtswichtel gehen mit der Zeit und stellen sich auf ihre „Kunden" auf der Erde ein. Natürlich wäre es ihnen lieber, wenn sie die Herzen der Menschen mit Weihnachtsvorfreude füllen könnten, doch ist in vielen Menschenherzen leider des Öfteren kein Platz mehr und so können die Weihnachtswichtel oft nicht viel mehr tun, als das Schlimmste zu verhindern. Denn viele Leute nutzen die Adventzeit immer häufiger dazu, planlos zu essen und zu trinken, sich noch mehr Stress als sonst zu machen und grundsätzlich immer schlecht gelaunt zu sein, weil sie gerade in den vier Wochen vor Weihnachten so viel um die Ohren haben.

So geschah es, dass der Weihnachtswichtel dieses Jahr einen Mann durch den Advent begleiten durfte, der nun so gar nicht auf Besinnung eingestellt war. Das einzig Sinnvolle an der Vorweihnachtszeit waren für ihn die vielen Punschhütten, die wie jedes Jahr ganz in der Nähe seiner Arbeitsstätte aufgebaut wurden. Jeden Abend nach Büroschluss zog es ihn zu den süß-warmen Heißgetränken, manchmal ging er mit Kollegen hin und ein anderes Mal auch allein. Auf alle Fälle trank er viel zu viel von diesem vorweihnachtlichen Alkoholgemisch und nahm die Adventzeit als Grund dafür.

So konnte das nicht weitergehen. Der Weihnachtswichtel war entsetzt, bereits das dritte Jahr wurde das vorweihnachtliche Treiben dieses Mannes vom Himmel aus beobachtet. Doch wie konnte man den Mann nur zur Vernunft bringen?

Da kam der Wichtel auf eine gute Idee. Im Büro wurde wie jedes Jahr ein

Wichtelspiel durchgeführt. Jeder Mitarbeiter zog den Namen eines Kollegen und durfte diesen dann heimlich beschenken. So mischte sich heuer ein echter Weihnachtswichtel in das menschliche Wichtelspiel ein und schenkte dem punschsüchtigen Mann eine Packung Früchtetee mit Zimtgeschmack.

Die Freude des Mannes hielt sich in Grenzen, als er den Inhalt seines Wichtelgeschenks in Augenschein nahm. Einen Brief gab es auch noch für ihn:

„*Lieber Herbert! Ich weiß, dass du gerne süße heiße Getränke zu dir nimmst in der Vorweihnachtszeit, deswegen schenke ich dir heute eine Packung mit Teebeuteln. Es muss nicht immer Glühwein oder Punsch sein. Dein Wichtel.*"

Der Mann fühlte sich ertappt. Hatten seine Kollegen etwa gemerkt, dass er jeden Abend am Punschstand verbrachte? Wurde im Büro schon über ihn gemunkelt? Vor lauter schlechtem Gewissen bereitete er sich in der Teeküche schnell einen Tee zu.

Doch dieser Tee war nicht irgendein Früchtetee, wie man glauben könnte. Nein, es war ein Weihnachtswichtelwunderfrüchtetee, wie ihn Wichtel gerne für Menschen zaubern. Er enthielt nicht nur Liebe, Besinnung und Vorweihnachtsfreude, sondern half auch dabei, das Herz ganz weit aufzumachen und Gefühle zuzulassen.

Der Mann trank den Tee, ohne weiter über die Sorte nachzudenken. Nachdem er die Tasse geleert hatte, wurde ihm ganz schwindlig. Er fühlte sich irgendwie komisch, doch waren es gute Gefühle, die er jetzt plötzlich empfand. Die Vorweihnachtszeit seiner Kindheit fiel ihm ein, sein erster Adventkalender und wie er sich immer auf den Nikolaus gefreut und gehofft hatte, dass der Krampus nicht dabei sein würde.

So saß er an seinem Schreibtisch und schwelgte in Erinnerungen. Die anderen Kollegen waren schon längst nach Hause gegangen, es war spät geworden, und nun fiel dem Mann der Punschmarkt wieder ein. Doch irgendwie zog es ihn heute beim Nachhausegehen gar nicht in Richtung der Punschhütten. Schon komisch, dachte er. Stattdessen ging er an diesem Abend auf den Friedhof und zündete für seine verstorbene Frau eine Kerze an. Der Mann betete für sie und fing zu weinen an. Sie war in der Vorweihnachtszeit gestorben, und um nicht immer wieder so schmerzlich an ihren Tod erinnert zu werden, trank er seit drei Jahren zur gleichen Zeit mehr als er sollte. Das ging so weit, dass er am Weihnachtsabend meistens einen Vollrausch hatte und niemanden sehen und hören wollte.

Der Weihnachtswichtel hatte dem Mann jedoch die Augen geöffnet und ihm geholfen, sein altes Muster zu durchbrechen. Von nun an versuchte er, sich in den Tagen im Advent bewusst vom Alkohol fernzuhalten. Wenn der Kummer und Schmerz über den Verlust seiner Frau wieder einmal sehr stark waren, dann sprach er mit einem guten Freund darüber. Das half ihm viel mehr als ein Glas Punsch.

So gelang es dem Weihnachtswichtel, den Mann zur Besinnung zu bringen. Niemand anderer als seine verstorbene Frau hatte den Weihnachtswichtel zu ihrem verzweifelten Mann auf die Erde geschickt. Den guten Weihnachtswichtelwunderfrüchtetee trank er jetzt jeden Tag.

Bis zum Weihnachtsfest ging es ihm immer besser und seine selige Frau im Himmel lächelte ihm im Traum jede Nacht zu. Natürlich wusste er das nicht mehr, wenn er erwachte, aber ein gutes, vertrautes Gefühl blieb stets zurück. So wurde es heuer auch für diesen Mann ein schönes Weihnachten und er feierte es seit Jahren erstmals wieder in Gesellschaft. Er war bei seiner Schwester eingeladen und freute sich über das Fest im Kreis der Familie. Der Weihnachtswichtel war zufrieden mit seinem Erdenwerk und die Frau im Himmel auch.

10. Dezember
Das Mäuseorchester

Es war einmal ... in der Vorweihnachtszeit. Da probte ein kleines Mäuseorchester auf dem Dachboden für die Weihnachtsaufführung. Doch leider kam die Katze des Hauses dazwischen und weil das kleine Mäuschen von ganz vorne links so sehr auf sein Geigenspiel konzentriert war, vergaß es glatt zu flüchten und ehe es sich versah, befand es sich im Maul der Katze.

Das Mäuschen stand ganz schön unter Schock und die anderen Mäuse piepsten aufgeregt, denn die Katze war drauf und dran ihre erste Geige zu verspeisen. Doch da kam der Mäusedirigent auf eine Idee. Mutig stellte er sich der Katze in den Weg und forderte sie auf, das kleine Mäuschen freizulassen.

„Friss lieber mich, an mir ist eindeutig mehr dran!"

Der Dirigenten-Mäuserich war um einiges fetter als das kleine Mäuschen, und so fand die Katze den Tausch nicht unklug und spuckte den Mäusegeiger wieder aus.

Die Katze freute sich über die fette Beute und wollte den Mäuse-Dirigenten gerade fressen, als sich dieser erneut zu Wort meldete:

„Ihr Katzen, habt ihr nicht auch einmal eine Weihnachtsfeier?", wollte er jetzt wissen.

„Warum interessiert dich das?"

„Weil ich eine neugierige Maus bin!"

„Du bringst mich auf eine gute Idee, ich könnte dich als Preis für die Tombola spenden!"

„Also habt ihr doch eine Weihnachtsfeier!"

„Ja, und wenn schon, du wirst sie wohl nicht mehr erleben!" Die Katze grinste gierig.

„Und wer macht euch die Musik?"

„Musik? Noch nie was von Katzenmusik gehört?" Jetzt musste die Katze lachen.

„Ich schlage dir ein Geschäft vor: Du lässt mich am Leben und das Mäuseorchester spielt dafür auf eurer Katzenweihnachtsfeier!"

Die Katze dachte nach. Das war wirklich ein gutes Geschäft. Die Mäuse würden

nicht nur für die musikalische Begleitung sorgen, sondern anschließend auch noch für ein lebendiges Buffet.

Die Katzenweihnachtsfeier fand am 24. Dezember im Keller des Hauses statt. Die Mäuse am Dachboden und die Katzen im Keller, das wäre grundsätzlich eine gute Aufteilung gewesen, wenn es da nicht diese neue Abmachung gegeben hätte.

Der Mäuse-Dirigent versprach der Katze am 24. Dezember pünktlich zur Katzenweihnachtsfeier samt Mäuseorchester im Keller zu erscheinen. Die anderen Mäuse, die sich noch immer versteckt hielten, schüttelten ihre kleinen Köpfe und glaubten sich schon alle verloren.

„Nur Mut, meine Freunde", sagte der Mäuse-Dirigent, „ich habe einen Plan, und der wird uns allen das Leben retten!"

Der 24. Dezember nahte und das Mäuseorchester zitterte seinem Auftritt entgegen. Und wirklich, wie versprochen, erschienen die Mäuse zur Weihnachtsfeier der Katzen im Keller des Hauses.

Schon vor dem ersten Konzertstück wollte sich eine der Katzen auf die Mäuse stürzen, aber es gelang ihr nicht. Denn es war Weihnachten, und an Weihnachten haben sich auch Katzen und Mäuse lieb. Als die Katze einer kleinen süßen Maus gerade den Kopf abbeißen wollte, hielt sie inne und erinnerte sich daran, dass Weihnachten war. Ein großer Friede liegt über der Heiligen Nacht, und der macht auch vor Katzen und Mäusen nicht halt. So feierten Katzen und Mäuse in diesem Jahr gemeinsam Weihnachten, untermalt von den Klängen des Mäuseorchesters.

Der Mäusedirigent war ein gescheites Tier. Er wusste von dem Wunder der Heiligen Nacht und rettete so nicht nur sein Leben, sondern auch das seiner Mäusefreunde.

11. Dezember
Das heilige Lied

Es war einmal ... ein alter Bettelmann, der zog von Dorf zu Dorf, um ein paar Almosen zu erheischen. Eines Nachts, es war kurz vor Weihnachten, da war es bitterkalt, und der Alte hatte keine Bleibe finden können. Niemand wollte ihn einlassen und so musste er die Nacht im Freien verbringen. „Ach, lieber Gott, so lässt du mich wohl heute sterben, denn so eine kalte Nacht kann nicht einmal ich mit meiner dicken Haut überstehen." Der Bettler setzte sich am Fuß eines Baumes nieder und wurde irgendwann vom Schlaf übermannt. Das bedeutete eigentlich den sicheren Tod, doch statt Gevatter Tod kam ein Weihnachtsengel dahergeflogen und summte dem alten Bettler eine süße Melodie ins Ohr, die ihn warm hielt und ihm Trost spendete.

Als der Alte am nächsten Tag erwachte, konnte er es kaum glauben, dass er noch am Leben war. Er freute sich über dieses Wunder und summte plötzlich eine Melodie, die ihm seltsam vertraut vorkam. Sobald er die Melodie anstimmte, fror ihn nicht mehr und er hatte auch keinen Hunger mehr. So zog er singend weiter und war glücklich über sein von Gott geschenktes Leben.

Als er das nächste Dorf erreichte, gingen die Leute plötzlich auf ihn zu. Normalerweise flüchteten die Menschen vor ihm, weil sie Angst hatten, er würde etwas von ihnen haben wollen. Doch nun war er es, der etwas für sie hatte, eine wunderbare Melodie, die jeden, der sie hörte, verzauberte und beglückte.

Wenn die Zuhörer versuchten, dieses Lied nachzusingen oder zu pfeifen, gelang es ihnen jedoch nicht. Nur der Bettler allein war imstande, diese Töne in jener Art von sich zu geben und damit die ganze Welt um ihn herum in Entzücken zu versetzen.

So geschah es, dass der alte Mann an diesem Weihnachtsabend unzählige Einladungen erhielt. Jeder wollte ihm ein guter Gastgeber sein. Der Bettler verbrachte den Heiligen Abend schließlich im Kreis einer wohlhabenden Familie und immer wieder baten sie ihn, dieses wunderbare Lied, diese ach so zauberhafte Melodie anzustimmen.

So wurde dem Bettler in jener Nacht etwas besonderes geschenkt. Ihm wurde vom Weihnachtsengel eine heilige Melodie offenbart, die er fortan in die Welt hinaustragen durfte.

Zeit seines Lebens brauchte er keine Not mehr leiden, alle Welt wollte ihn singen hören. Und je mehr der Bettler sang, desto reiner wurde sein Herz und desto fröhlicher sein Gemüt.

Als er in jener bitterkalten Nacht sein Leben dem Herrgott in die Hände gelegt hatte, war ihm eine besondere Gnade zuteilgeworden, die er nun an andere Menschen weitergeben durfte. Und wenn er nicht gestorben ist, dann singt er noch heute sein Lied und kann sich zu Weihnachten noch immer aussuchen, welche der vielen, vielen Einladungen er annehmen möchte.

12. Dezember
Der alte Kater Tom

Es war einmal ... eine alte Frau, die war eine große Tierfreundin und fütterte die Streunerkatzen in der Stadt. Alles Geld, das sie übrig hatte, investierte sie in Katzenfutter und es machte ihr eine große Freude, die Katzenschar zu versorgen.

Zu Weihnachten gab es immer etwas ganz Besonderes zu fressen, darauf freuten sich die Katzen schon sehr. Doch eines Tages, es war kurz vor Weihnachten, da blieben die Futternäpfchen und Milchschüsselchen leer und vielen Katzen knurrte der Magen.

Einige fingen sich selbst Mäuse, andere hatten noch weitere Futterplätze. Doch der alte Kater Tom hatte nur die gute alte Frau, die ihn versorgte. Er war schon sehr alt und hatte nur noch drei Beine. Trotzdem war er sehr geschickt und flink, aber mit dem Mäusefangen war es schon lange vorbei.

Tom sprang auf das Fensterbrett des Wohnzimmers des Hauses der Katzenliebhaberin, hier entdeckte sie ihn sonst immer besonders schnell und dann gab es meistens auch sofort Futter. Heute nicht. Tom lugte durch das Fenster, und was sah er da: Die alte Frau lag auf dem Boden und rührte sich nicht! Oje, oje! Jetzt war guter Rat teuer.

Kater Tom wollte ihr helfen. Nur wie? Da hörte er, dass der Postbote mit seinem Moped um die Ecke bog. Den musste er sich schnappen! Der Postler warf ein paar Prospekte ins Postkasterl der Frau und wollte schon wieder weiter.

Jetzt kam Tom auf seinen drei Beinen dahergelaufen und miaute, dass es einem das Herz hätte zerreißen können. Schnell lief er zur Eingangstür und kratzte mit den Krallen seiner Vorderpfoten so stark daran, wie er nur konnte.

Der Postbote dachte sich nur: „So eine verrückte Katze“, und fuhr weiter. Nun saß Tom enttäuscht vor der Tür und wusste wieder nicht, was er tun sollte. Doch Halt, heute war Mittwoch, und da kam am Nachmittag der Eiermann.

Die alte Frau kaufte dann immer zehn Stück davon, das wusste Tom ganz genau. Bis zum Nachmittag war noch etwas Zeit, bis dahin wollte sich Tom Verstärkung holen. In Windeseile alarmierte er die Katzen der Stadt, ob Streuner oder Hauskatzen, alle wurden mobilisiert. Bis zum Nachmittag waren es rund 50 Katzen, die vor dem Haus der alten Dame saßen.

Und als der Eiermann kam, traute er seinen Augen nicht. Die Katzenschar stimmte jetzt ein Gejaule an, dass es nicht auszuhalten war. Der Eiermann wusste, dass die Frau die Katzen liebte und sie fütterte, irgendetwas musste also los sein.

So bahnte er sich seinen Weg durch die Katzenschar zur Haustür und läutete. Natürlich öffnete ihm niemand die Tür. Nun gab Kater Tom das Kommando. Alle Katzen stürmten jetzt auf seinen Befehl zur Rückseite des Hause und so viele wie nur irgendwie Platz fanden, sprangen auf das Fensterbrett, von wo aus man die alte Dame im Wohnzimmer auf dem Boden liegen sehen konnte.

Der Eiermann folgte der Katzenmeute, die sich nun vor diesem einen Fenster versammelte. Als er zum Fenster hineinblickte, da entdeckte er die alte Frau und verständigte sofort die Rettung.

Tom atmete auf, denn er wusste genau, was es bedeutete, wenn ein Mensch so besorgt dreinschaute und zum Telefon griff. Schnell kam die Rettung mit Blaulicht gefahren und die alte Dame wurde in den Krankenwagen geladen.

Sie war beim Weihnachtsputz so unglücklich von einer Leiter gestürzt, dass sie ohnmächtig auf dem Boden liegen geblieben war. Bis zum 24. Dezember konnte sie das Krankenhaus jedoch schon wieder verlassen und als sie hörte, dass ihre Katzenfreunde sie gerettet hatten, da freute sie sich so sehr, dass dieses Jahr zu Weihnachten alle Katzen in das Haus der alten Frau hineinkommen durften.

Und wenn die Frau nicht gestorben ist, dann füttert sie noch heute die Katzen in jener Stadt und der dreibeinige Kater Tom ist jeden Tag ihr Stammgast.

13. Dezember
Die Königin des Lichts

Es war einmal ... vor langer, langer Zeit. Da wussten die Menschen oft nicht, wie lange der Winter noch dauern und wann die Tage endlich wieder länger werden würden. Kerzen waren kostbar und wer sie besaß, der hütete einen großen Schatz: das Licht.

Da gab es eine Bauernfamilie, die war recht fromm. Es waren gute Leute, die nicht viel hatten und das Wenige gerne auch noch mit anderen teilten. Es geschah um den 13. Dezember, dass die Tochter des Hauses einen seltsamen Traum hatte. Sie träumte von der heiligen Lucia, wie sie mit hell leuchtenden Lichtern auf dem Haupt als Königin des Lichts durch die Lande zog und Hoffnung auf eine lichtere, bessere Zeit verbreitete.

Es war ein so schöner Traum, dass das Mädchen beschloss, es der heiligen Lucia gleichzutun. Noch am selben Tag flocht sie einen Kranz aus Lorbeerzweigen und als sie mit ihrer Arbeit fast fertig war, da klopfte es an der Fensterscheibe der kleinen Kammer. Eine Eule kam geflogen und legte vier schlanke, weiße Kerzen für das Mädchen auf die Fensterbank.

Die Freude war groß und weil das Mädchen recht geschickt war, flocht sie auch noch die Kerzen in den Kranz, um am nächsten Morgen die Ihrigen mit einem Lichterkranz im Haar zu überraschen.

So war es dann auch. Mutter und Vater schliefen noch, und es herrschte Dunkelheit – wie jeden Morgen im Winter. Plötzlich sahen sie einen Lichterschein auf das Bett zukommen und hörten die liebliche Mädchenstimme ihrer Tochter für sie singen. Das war schon eine große Freude für die Eltern und alle Bewohner des Hofes, das anmutige Mädchen im weißen Kleid mit dem Lichterkranz auf dem Haupt zu sehen und zu hören.

Eine wunderschöne Erscheinung war dieses junge Fräulein, und die heilige Lucia freute sich, dass sie auf der Erde so eine würdige Vertreterin als Lichtbringerin gefunden hatte. Das Licht der Kerzen auf dem Kopf des Mädchens machte den

Leuten am Hof Hoffnung auf eine bessere Zeit, in der die Sonne wieder länger scheinen würde und es nicht mehr so dunkel wäre. Das Mädchen fühlte sich getragen von der heiligen Lucia und ihrer Botschaft, Licht in die Herzen der Menschen zu bringen. Eine schöne Aufgabe, die sie von nun an jedes Jahr am Lucientag immer wieder gerne erfüllte.

14. Dezember
Die eilige Zeit

Es war einmal ... in der Vorweihnachtszeit. Man schrieb den 14. Dezember auf der Erde und viele Menschen waren außer Rand und Band. Was war da bloß los? Das Weihnachtsfest nahte und dieser Umstand stürzte viele Leute in den reichen Ländern der westlichen Welt in ihr ganz persönliches Chaos. Doch dieses hektische Vorweihnachtstreiben blieb auch dem Himmel nicht ganz verborgen.

Die Weihnachtsengel schüttelten ihre himmlischen Lockenköpfe und verstanden nicht, was die Leutchen auf der Erde antrieb: „Vielleicht haben die Menschen etwas falsch verstanden, es sollte doch heißen ‚heilige Zeit'. Doch das, was wir da auf der Erde so beobachten, ist vielmehr eine ‚eilige' Zeit!"

So konnte das nicht weitergehen. Der Sinn von Weihnachten ging schön langsam verloren und immer mehr Erwachsene vergaßen darauf, was das „Fest der Feste" ursprünglich zu bedeuten hatte.

Die Weihnachtsfeiern vor Weihnachten wurden immer mehr, die Wichtelspiele arteten zu Materialschlachten aus und im vorigen Jahr hatte es nach Büroschluss fast jeden Tag einen Besuch am Christkindlmarkt gegeben. Der viele Punsch und jeden Tag Bratwürstel, das konnte ja auch nicht gesund sein.

Und eilig hatten es die Menschen in der Vorweihnachtszeit. Darum steckten sie auch mit ihren Autos so oft im Stau in dieser Zeit. Denn je mehr Menschen es eilig haben, desto langsamer geht's. Auch so ein Naturgesetz, das auf der Erde kein Mensch zu erkennen schien.

Die Wunschlisten der Kinder wurden immer länger, die Geschenkeberge am 24. Dezember immer größer und die Geldbörsen der Leute immer leerer. Überzogene Konten gehörten bald schon zum guten Weihnachtston und das Geschenkpapier wieder zu verwerten galt als kleinlich und unschick.

Wo die Weihnachtsengel auch hinblickten, sahen sie nur noch Eile, Konsum,

materielle Wünsche und freudlose, abgehetzte Blicke. Wie sollte sich das bloß jemals wieder ändern? Doch auch im Himmel gibt es eine Kreativabteilung und einen Krisenstab. Diese beiden Himmelsabteilungen arbeiteten zusammen und heckten einen himmlischen Plan aus.

Es wurde beschlossen, dass an diesem Weihnachtsfest jedes der verpackten Geschenke leer sein würde. Diese kleine Lehre beziehungsweise Leere sollte die Menschen darauf hinweisen, dass es zu Weihnachten nicht um den Inhalt der Geschenke ging, sondern um Christi Geburt, um die Nächstenliebe, um das Zusammensein mit lieben Menschen. Weihnachten als das Fest der Liebe sollte wieder mehr in den Vordergrund gerückt werden und so wollten die Himmlischen in jenen Ländern, in denen Weihnachten als Konsumfest gefeiert wurde, ein markantes Zeichen setzen.

Weihnachten nahte und kein Mensch hatte eine Ahnung davon, was die Weihnachtsengel dieses Jahr geplant hatten. Es war ein ordentlicher Schock. Auf der ganzen Welt wurden Millionen Weihnachtsgeschenke ausgepackt, und sie waren alle leer!

Die Kinder waren natürlich restlos enttäuscht, die Erwachsenen dachten sofort an Einbrecher und Diebespack; der Inhalt ihrer Weihnachtsgeschenke musste wohl gestohlen worden sein. Doch schön langsam dämmerte es den Menschen, was los war. Denn es war nicht nichts in den Geschenken, sondern reines Bewusstsein, das die Menschen zuerst wütend in sich aufsaugten, um dann doch noch zur Besinnung zu kommen.

So reichten sie sich an diesem Weihnachtsabend die Hände oder umarmten sich gar. Sie gaben sich Küsse auf die Wange, auf die Lippen und auch auf die Stirn. Eine große Liebe ging von diesem Fest aus und bald hatten die Menschen auf ihre Geschenke vergessen. Es war ein schönes Weihnachtsfest. Und es war wieder heilig geworden.

15. Dezember
Lauras Tannenbaum

Es war einmal ... in einem kleinen Tannenwäldchen. Da fragten sich die kleinen Tannenbäumchen, welche von den großen Tannen denn wohl heuer von den Forstarbeitern mitgenommen werden würden, um in den guten Stuben der Menschen am Heiligen Abend als Christbäume zu erstrahlen.

Die Bäumchen waren wirklich noch sehr klein. Schon schön anzusehen, aber eben noch richtige Baumzwerge und noch keine drei Jahre alt. Was die Bäumchen nicht wussten, war, dass sie alle heuer als lebende Christbäume verkauft werden sollten. So war die Überraschung groß, als die Arbeiter dieses Jahr kamen und begannen, die kleinen Tannenbäumchen samt ihren Wurzeln auszugraben.

Alle wurden sie auf einen Lastwagen verladen und in die große Stadt gebracht. Da standen sie nun und warteten auf ihre Besitzer. Lebende Christbäume kaufen sich Menschen, die einen Garten haben und die Bäumchen dann nach Weihnachten in den Garten setzen können. Die kleine Laura wollte unbedingt auch so einen lebenden Christbaum haben, obwohl der Papa schon hundert Mal erklärt hatte, dass sie im zehnten Stock des Hochhauses, in dem sie wohnten, nun wirklich keine Verwendung für einen lebenden Christbaum hatten.

Doch die Kleine bettelte so lange, bis sich der Papa endlich erweichen ließ und so ein lebendes Tannenbäumchen kaufte. Natürlich waren diese Bäumchen auch teurer, aber das störte Laura nicht, schließlich bezahlte ja der Papa. Die Mama schimpfte zu Hause, als die beiden mit diesem kleinen Baum ankamen. Vom Preis erzählte der Papa lieber nichts, denn die Mama war ohnehin schon sauer genug. Der viele Christbaumschmuck, die Schokoladenüsse und die goldenen Nougatherzen, wo sollten die denn jetzt Platz finden? Laura hatte eine gute Idee: Sie dekorierte die Fensterscheiben der

Wohnung mit fast dem gesamten Christbaumschmuck, indem sie alles mit Klebeband sorgsam befestigte, als die Mama am Nachmittag nicht zu Hause war.

Den kleinen Baum hatte Laura schon mit ins Kinderzimmer genommen, den wollte sie erst wieder zu Weihnachten herausrücken.

Als die Mutter heimkam und sah, welche Mühe sich ihre Tochter gegeben hatte, nur um das kleine Tannenbäumchen behalten zu dürfen, war sie gerührt. Die geschmückten Fenster sahen irgendwie schön aus und so gab es heuer einmal eine etwas andere Dekoration in der Vorweihnachtszeit.

Zu Weihnachten stand die kleine Tanne stolz auf einem Tischchen und war festlich geschmückt mit ganz kleinen Kugeln und winzigen Strohsternen. Und ein paar Geleeringerl gingen sich schließlich auch noch aus. Laura hatte eine große Freude und die Mutter war auch zufrieden, weil die Nadeln des Bäumchens in diesem Jahr wenigstens keinen Mist machen würden.

„Ja, und was machen wir, wenn der Baum zu groß wird für den Topf, in dem er steckt?", fragte der Vater.

Laura lächelte: „Dann bringen wir ihn in den Wald zurück!"

Das war wirklich eine gute Idee. Nach ein paar Monaten suchte die Familie einen guten Platz für das Bäumchen in einem nahe gelegenen Wald. Dort konnte Laura ihren Tannenbaum immer wieder besuchen.

Im nächsten Jahr zog die Familie um in ein Haus mit Garten. Natürlich gab es zu Weihnachten wieder einen lebenden Christbaum, der dann auch wirklich in den eigenen Garten übersiedeln durfte.

Jahr für Jahr wünschte sich Laura einen lebenden Christbaum und bis sie erwachsen geworden war, hatte sie dafür gesorgt, dass der elterliche Garten zu einem kleinen Wald herangewachsen war. Ihren ersten Christbaum hat sie natürlich nie vergessen. Laura kannte die Stelle im Wald genau, an der er stand. Auch heute noch

geht sie ihn manchmal mit ihren eigenen Kindern dort besuchen.

Und wenn man zu Weihnachten im Wald zufällig einen Tannenbaum entdeckt, der mit Strohsternen und Silberkugeln geschmückt ist, dann könnte es sein, dass man Lauras Tannenbaum entdeckt hat.

16. Dezember
Der Wunschpunsch

Es war einmal ... in einer Stadt, da gab es einen Weihnachtsmarkt, der war so groß, dass man sich darin hätte verlaufen können. Unzählige Punschhütten reihten sich aneinander und viele Weihnachtswaren wurden angeboten - grundsätzlich nichts Besonderes. Solche Märkte gab es mittlerweile in jedem Ort und je größer der Ort oder die Stadt war, desto größer war auch der Weihnachtsmarkt.

Doch genau auf diesem Weihnachtsmarkt in jener Stadt hatte sich eine gute Zauberfrau unter das Volk gemischt. Sie streute allerlei wundersame Dinge in ihr heißes Gebräu, das sie den Leuten unter dem Namen „Wunschpunsch" anbot.

Wenn die Menschen fragten, wonach der Punsch denn schmecke, dann antwortete die Zauberfrau: „Wünsch es dir!" Und so schmeckte der Punsch nach Erdbeeren, nach Zitrone, nach Apfel, nach Gummibären oder nach Lakritze. Der Fantasie waren keine Grenzen gesetzt. Das war wirklich einmal etwas Neues, darauf hatte die Punschindustrie gewartet. Bald schon stand der Oberpunschmacher bei der Zauberfrau am Stand und wollte sie aushorchen, welche Zutaten sie für ihren Punsch verwendete. Natürlich wusste die weise Frau sofort, dass dieser Mann sie übers Ohr hauen wollte, und verriet ihm ein ganz besonderes Punschrezept, das auch ganz besondere Auswirkungen auf die Punschkonsumenten haben würde.

Schnell kochte der geschäftstüchtige Herr das Rezept nach und rieb sich schon die Hände. Dieser neue Punsch würde ihn sicherlich noch reicher machen, als er es ohnehin schon war! Doch was war das? Die Menschen, die seinen Punsch tranken, konnten sich zwar auch so wie bei der Zauberfrau den Geschmack des Getränkes wünschen, doch wechselte je nach Geschmacksrichtung auch das Gesicht die Farbe. Der Herr mit dem Wunsch nach Erdbeerpunsch wurde sogleich erdbeerrot, die Dame mit dem Apfelgeschmack lief grün an und das Gesicht jenes jungen

Mannes, der sich Zitrone gewünscht hatte, verfärbte sich schön langsam knallgelb. Eine bunte Mischung an Hautfarben war da jetzt am Punschstand versammelt und der Punschmann selbst wurde bei diesem Anblick ganz bleich.

Die Zauberfrau lachte sich ins Fäustchen, denn sie wusste ja, dass die Verfärbung der Gesichter nur von kurzer Dauer sein würde. Doch der Oberpunschmacher schloss kurzerhand seine Punschhütte und schenkte ab dem nächsten Tag wieder sein übliches Gesöff aus.

Aber die Zauberfrau hatte nicht nur Schabernack im Sinn, sondern wollte den Menschen auch etwas Gutes tun. Manchen Männern und Frauen konnte sie ins Herz sehen und wenn sie ihren Punsch einschenkte, dann schenkte sie auch noch die Erfüllung eines Herzenswunsches in das Häferl mit ein.

Mit den Worten „Wünsch es dir von Herzen!“ reichte sie ihre herzerwärmenden Getränke an die Menschen weiter, und manche nahmen ihren Rat ernst und wünschten sich etwas. Und siehe da, bis Weihnachten gingen ihre Wünsche in Erfüllung.

Das Rezept für den Wunschpunsch gab die Zauberfrau niemals aus der Hand. Viel zu gefährlich wäre es gewesen, wenn diese Rezeptur in die falschen Hände geraten wäre. So zog sie weiter und schlug im nächsten Jahr ihre Zelte in einer anderen Stadt auf. Und wer weiß, vielleicht kommt die Zauberfrau auch einmal in eure Stadt? Wünscht es euch einfach!

17. Dezember
Fridolin und der Hamster

Es war einmal ... ein junger Mäuserich namens Fridolin, der hatte es sich in den Kopf gesetzt, bei den Menschen als Haustier zu leben. Das war wirklich eine verrückte Idee, denn Mäuse waren in jenem Haus, in dem Fridolin lebte, nicht besonders beliebt. Der Familienvater stellte auf dem Dachboden und im Keller Mausefallen auf und trachtete den kleinen Nagern nach dem Leben.

Die Mäusemutter wollte Fridolin aufklären: „Kleiner Mäuserich, versteh doch, die Menschen in diesem Haus mögen keine Mäuse, sie jagen uns, sie wollen uns töten!“

Doch Fridolin war guter Dinge. Er wusste, dass die Tochter des Hauses zum Nikolaus einen Hamster geschenkt bekommen hatte, und zu diesem wollte er nun gehen. Als die Menschen einmal nicht zu Hause waren, flitzte der kleine Fridolin ins Kinderzimmer, um den Hamster zu besuchen. Dieser ging gerade gemütlich in seinem Laufrad spazieren. „Hallo Hamster, ich bin Fridolin, die Maus! Ich würde dir ja so gern Gesellschaft leisten und auch ein Haustier sein!“

Der Hamster verstand die Welt nicht mehr: „Was, du möchtest ein Haustier sein? Sei doch froh, dass du frei bist und tun und lassen kannst, was du willst. Ich bin zeit meines Lebens eingesperrt und wenn ich mal raus darf aus meinem Käfig, dann streichelt mich das Kind fast zu Tode. Nein, es ist nicht lustig, ein Haustier zu sein! Überleg dir das lieber noch einmal!“

Fridolin dachte nach. So hatte er das noch gar nicht gesehen, als Haustier würde er nicht frei in der Wohnung herumlaufen dürfen, da müsste er so wie der Hamster eingesperrt in einem Käfig leben. Das gefiel ihm gar nicht. Und auch der Hamster tat ihm leid. Vielleicht konnte er ihm helfen?

„Hamster, soll ich dich befreien?“

„Nein, nein“, sagte der Hamster. Ich bin so dick und fett, dass ich in der Freiheit wahrscheinlich gar nicht lange überleben würde, mich würde sofort eine Katze erwischen, denn ich bin nicht besonders schnell.“

Fridolin war jetzt sehr traurig. Das Haustierdasein gefiel ihm gar nicht mehr so gut und der arme Hamster tat ihm sehr, sehr leid.

„Weißt du was, Hamster, wir tauschen einfach einmal für einen Tag! Dann kann ich mir anschauen, wie es so ist, in einem Käfig zu leben, und du kannst ein bisschen deine Freiheit genießen“.

Der Hamster dachte nach. Irgendwie gefiel ihm diese Idee. Gesagt, getan. Fridolin schlüpfte in den Käfig und der Hamster verschwand ganz langsam in einem Mauseloch an der Wand.

Fridolin gefiel es im Käfig gar nicht schlecht. Es gab massenhaft zu essen und das Laufrad fand er recht lustig. Er lief und lief und lief und lief. Endlich wurde er müde und machte es sich in einem kleinen Häuschen, das mit Watte ausgepolstert war, gemütlich.

Als das Kind nach Hause kam, schaute es gleich in den Hamsterkäfig. Fridolin schlief, doch jetzt fühlte er die Kinderhände, die nach ihm griffen. „Der Hamster hat abgenommen!“, rief das Kind laut aus. „Hoffentlich ist er nicht krank!“

Fridolin genoss es, von dem Menschenkind gestreichelt zu werden. Ein schönes Gefühl, nicht als Ungeziefer gesehen zu werden, sondern als Haustier. Das Kind spielte mit ihm und setzte ihn schließlich wieder in den Käfig zurück.

In der Nacht kam der Hamster zu Besuch und fragte nach, wie es Fridolin denn gehe. Fridolin ging es bestens und auch der Hamster genoss seine neue Lebensform. Alles war gut.

Doch dann kam Fridolins Mutter ins Spiel. Natürlich ließ sie es nicht zu, dass ihr Sohn von den Menschen in einem Käfig gefangen gehalten wurde. Als sie das hörte, war sie vollkommen aus dem Häuschen. Sofort lief sie ins Kinderzimmer, um ihren Sohn zu befreien.

Nur leider hatte sich genau zu diesem Zeitpunkt die ganze Menschenfamilie im Kinderzimmer versammelt, um die neuen Kunststücke des erschlankten „Hamsters“

zu bewundern. Als die Familienmitglieder die Mäusemutter erblickten, fing die Menschenmutter lauthals zu schreien an und der Menschenvater schlug mit einem Bilderbuch nach dem Nagetier. Fridolin verstand die Welt nicht mehr. Warum reagierten die Menschen so aggressiv auf seine Mutter, wenn sie im selben Augenblick mit ihm fröhlich spielten und sich über seine drolligen Kunststücke freuten? „Schon seltsam, die Menschen", dachte Fridolin und überlegte, wie er seiner Mutter helfen konnte. „Am besten, ich stelle mich tot", dachte der kleine Mäuserich, warf sich auf den Rücken und hielt die Luft an.

„Mama, der Hamster bewegt sich nicht mehr!", schrie jetzt das Kind und war außer sich. Natürlich war jetzt auch die Mäusemutter irritiert, ihr Sohn lag da wie tot. Sofort lief sie zu ihm und als die Menschen sahen, wie rührend sich die Maus um den „Hamster" kümmerte, da ging ihnen das Herz auf und sie waren alle gerührt. Keiner erhob mehr die Hand gegen die Mäusemutter.

„Mama, ich stelle mich doch nur tot!", flüsterte Fridolin, obwohl er gar nicht hätte flüstern müssen, weil Menschen die Mäusesprache ohnehin nicht verstehen können.

„Ja, aber ich dachte, dir sei etwas passiert!"

„Alles in Ordnung, ich verbringe nur ein paar Tage bei den Menschen, spiele mit ihnen und lasse mich füttern!"

Die Mutter war wieder etwas beruhigt. Ihrem Sohn ging es ja gut und er war freiwillig in diesen Käfig gegangen. So unverständlich das für die Mäusemutter klang, so unglaublichen Spaß machte Fridolin sein neues Zuhause bei den Menschen.

Der dicke Hamster freundete sich mit der Muttermaus an und so besuchten sie in der Nacht immer wieder gemeinsam den kleinen Fridolin in seinem Käfig.

Einige Tage verbrachte der Mäuserich in seiner freiwilligen Gefangenschaft, doch da Weihnachten nahte, überkam ihn schon bald die Sehnsucht, dieses Fest, auf das sich auch die Mäuse jedes Jahr freuen, gemeinsam mit seiner Familie auf dem

Dachboden zu feiern. Als der Hamster das nächste Mal bei Fridolin vorbeischaute, sagte ihm dieser, dass er jetzt wieder den Platz mit ihm tauschen wolle. Der Hamster stimmte schnell zu und so fand das Menschenkind am nächsten Morgen, dass der Hamster über Nacht plötzlich wieder stark zugenommen hätte.

Fridolin hatte seinen neuen Freund für den Weihnachtsabend auf den Dachboden eingeladen. Gemeinsam feierte der Hamster mit der Mäusefamilie Weihnachten und erfreute sich an Käse und Karotten, die extra für diesen Anlass aus der Speisekammer stibitzt worden waren.

Die Freundschaft zwischen Hamster und Maus dauerte ein Leben lang an. Beide Nager hatten eine wertvolle Erfahrung gemacht: Wie es ist, freiwillig in Gefangenschaft zu leben, und wie es sein kann, ein paar Tage lang die Freiheit zu genießen. Doch waren beide glücklich mit ihrem eigenen Leben. Fridolin war froh, dass er nun wusste, dass er nicht bei den Menschen als Haustier leben wollte, und der dicke Hamster konnte sich jetzt endlich vorstellen, wie groß ein Dachboden und wie schwierig es sein kann, sich selbst etwas zu essen zu besorgen.

18. Dezember
Das große Fressen

Es war einmal ... auf einer Firmenweihnachtsfeier. Da gab es ein riesengroßes Buffet, das von den anwesenden Gästen niemals hätte aufgegessen werden können.

So aßen und tranken die Teilnehmer der Weihnachtsfeier im wahrsten Sinne des Wortes bis zum Umfallen und trotzdem war noch fast die Hälfte des kalten und warmen Buffets vorrätig. Als die letzten Gäste nach Hause gegangen waren, kam Marianne, die gute Seele des Hauses, und griff zum Telefon. Sie hatte nur darauf gewartet, bis alle den Saal verlassen hatten, denn jetzt konnte sie die Dame von der Notschlafstelle anrufen, die um jede Uhrzeit gerne kam, um Essensreste abzuholen.

Zehn Minuten später stand Gertraud von der Notschlafstelle vor der Tür des Veranstaltungszentrums. Marianne öffnete ihr und gemeinsam verpackten sie die Reste des opulenten Buffets in Plastikgeschirr. Gertraud war mit einem großen Lieferwagen gekommen, denn an diesem Abend war so viel Essen übrig geblieben, dass die beiden Frauen lange daran arbeiteten, alles gut zu verpacken und im Auto zu verstauen.

Marianne hatte ein gutes Gefühl, als sie Gertraud mit dem Lieferwagen losfahren sah. Morgen würden sich viele Menschen über diese Delikatessen freuen, die es vielleicht nicht einmal gewohnt waren, jeden Tag satt zu sein.

Auch Gertraud freute sich. Schon lange hatte sie nicht mehr so viele gute Sachen auf einmal in die Notschlafstelle bringen können. Es war kurz vor Weihnachten, und so beschloss sie, den Bewohnern der Herberge am nächsten Morgen ein festliches Frühstück zu bereiten. Statt Semmeln mit Marmelade sollte es diesmal Baguette mit Lachs und Kaviar geben.

Alles war vorbereitet und als die Leute zum Frühstück kamen, trauten sie ihren Augen nicht. So etwas Gutes hatten sie schon lange nicht mehr bekommen.

Alle hatten eine große Freude und aßen sich so richtig satt an den feinen Sachen. So hatte das viel zu üppige Buffet vom Vortag doch noch einen Sinn. Denn in der Notschlafstelle sprach man noch wochenlang von diesem kulinarischen Weihnachtswunder.

19. Dezember
Christkind oder Colamann?

Es war einmal ... in einem Kinderzimmer. Da saßen zwei kleine Jungen und sprachen über Weihnachten. Es begann damit, dass Leon seinen Freund Oliver fragte, was er denn heuer für einen Adventkalender bekommen hätte. Oliver besaß einen besonders schönen Adventkalender und zeigte diesen stolz seinem Freund. Doch Leon war entsetzt, denn sein Freund hatte, obwohl es noch fünf Tage bis zum Heiligen Abend waren, bereits alle Türen des Adventkalenders geöffnet, und kein einziges der 24 Schokoladenstücke befand sich mehr darin.

„Du hast ja schon alles aufgemacht, das geht doch nicht, und das wird dem Christkind sicher nicht gefallen!"

Oliver grinste, denn er glaubte nicht mehr an das Christkind. „Das ist doch ein vollkommener Blödsinn, das Christkind gibt es doch gar nicht! Ich glaube an den Colamann, den gibt es nämlich wirklich und der kommt am Samstag in die Stadt!"

Leon sah entsetzt drein. Das Christkind sollte es nicht geben? Nein, das konnte nicht stimmen. Er versuchte, seinen Freund vom Gegenteil zu überzeugen, und so gerieten die Jungen schließlich in Streit. Die beiden tobten so laut, dass Olivers Mutter schließlich nach dem Rechten sah und die Buben zur Rede stellte, was denn los sei und warum sie sich so aufführten.

„Oliver behauptet, dass es das Christkind nicht gibt!"

Die Mutter versuchte zu schlichten. Oliver hatte einen älteren Bruder und der hatte ihm das Christkind vor ein paar Wochen ausgeredet, und zum Leidwesen der Mutter erzählte der große Bruder dann auch noch die Geschichte vom Colamann!

„Ich weiß schon, dass Oliver nicht mehr an das Christkind glaubt, aber das sollte er tun. Denn das Christkind sieht und hört alles, und gerade bei den Kindern, die nicht mehr an das Christkind glauben, schaut es vielleicht sogar noch vor Weihnachten auf einen Besuch vorbei!"

Leon strahlte, als er das hörte. Also hatte er doch recht. Natürlich gab es das Christkind und das sollte bald auch Oliver wieder glauben können.

Der Tag, an dem der Colamann in die Stadt kam, nahte. Oliver freute sich schon sehr darauf, ihn und den hell erleuchteten Cola-Lastwagen endlich mit eigenen Augen zu sehen. Gemeinsam mit seinem Bruder fuhr er mit dem Bus in die Stadt und schon von Weitem sah er den riesigen Colawagen, der von einer Menschenmenge umringt war. Viele Kinder waren da, um den Colamann zu sehen. Auch Oliver wollte diesem Mann im rot-weißen Kostüm unbedingt die Hand schütteln.

Als Oliver nach Hause kam, strahlte er: „Ich habe den Colamann gesehen, und er hat mir die Hand gegeben und ich habe ein Cola bekommen, und die vielen Lichter und der schöne Lastwagen ..." Er konnte gar nicht mehr aufhören mit dem Schwärmen.

Doch die Mutter gab nicht auf, sie wollte ihrem Sohn unbedingt wieder den Glauben an das Christkind schenken. Und so heckte sie einen Plan aus, um ihren Sohn wieder auf das Christkind einzustimmen.

Ein paar Tage vor Weihnachten zog sie ihr Hochzeitskleid an und setzte sich den alten Wohnzimmervorhang wie einen riesigen Schleier auf den Kopf. Sie befestigte diesen mit einer goldenen Glitzerkette, die bald am Christbaum landen sollte. So verkleidet, schlich sie sich mit ein paar Sternspritzern bewaffnet ins Freie und schaute von draußen bei ihrem Sohn ins Kinderzimmerfenster hinein. Dabei hatte sie den Vorhang-Schleier so tief ins Gesicht gezogen, dass sie nicht erkannt werden konnte.

Doch Oliver schlief anscheinend schon tief und fest. Auch das Licht der Spritzkerzen konnte er nicht sehen. Doch das abendliche Christkindl-Treiben blieb nicht ganz unbemerkt, denn die Nachbarin im Nebenhaus sah das mütterliche Schauspiel sehr wohl vom eigenen Fenster aus und nutzte es sogleich für ihre vorweihnachtlichen Zwecke. Denn auch ihr Sohn glaubte nicht mehr an das Christkind, sondern

nur mehr an den Colamann, und so holte sie ihn schnell ans Fenster und zeigte ihm dieses lichte Wesen, das da am Fenster seines Freundes Oliver stand und mit einer Spritzkerze für Christkindlstimmung sorgte.

„Wow, das ist ja echt cool! Das Christkind gibt es ja wirklich!"

Als Beweis machte der Nachbarjunge auch noch ein Foto mit seinem Handy. Dadurch, dass es schon dunkel war, wirkte dieses Foto noch „echter" und als der Junge am nächsten Tag in der Schule stolz das „Christkindl-Foto" seinen Freunden zeigte, war selbst Oliver sprachlos.

„Was, das Christkind war bei mir!? Und ich habe es glatt verschlafen!"

Oliver ärgerte sich jetzt, dass er das Christkind nicht mit eigenen Augen gesehen hatte. Doch die mütterliche Verkleidungsaktion hatte eine große Wirkung, denn eine ganze Schulklasse glaubte von einem Moment auf den anderen wieder an das Christkind. Leon freute sich besonders, denn er hatte es ja von Anfang an gewusst. Und jetzt gab es sogar noch einen fotografischen Beweis!

Die Nachbarin rief am nächsten Tag Olivers Mutter an und bedankte sich für die beherzte Aktion. Alle waren glücklich und auch das Christkind freute sich.

Die Echtheit des Christkindl-Fotos wurde nie angezweifelt. Auch als Oliver schon lange erwachsen war, hielt er einen Abzug dieses verschwommenen Handyfotos in Ehren. Und als eines Tages seine eigenen Kindern nicht mehr an das Christkind glauben wollten, holte er es hervor und erzählte seinem Nachwuchs, wie er damals als kleiner Junge Besuch vom Christkind bekommen hatte.

20. Dezember
Der Geschenkeladen

Es war einmal ... ein kleiner Geschenkeladen, der einer alten Dame gehörte. Sehr liebevoll suchte sie das Sortiment aus und für jeden Anlass gab es große und kleine Dinge, die den Menschen Freude bereiteten. Eines Tages, es war kurz vor Weihnachten, stürmte ein junger Mann zur Tür herein. Er war sichtlich gestresst und telefonierte noch mit seinem Handy, als er schon im Laden stand.

„Ich brauche ein Geschenk, und zwar schnell!"

Die alte Dame kam sich vor wie bei einem Überfall und musste schmunzeln.

„An was hätten Sie denn gedacht?"

„Irgendwas!"

„Für wen soll denn das Geschenk sein?"

„Für meine Mutter! Na machen Sie schon, ich hab ja nicht ewig Zeit!"

„Wissen Sie was, junger Mann, kommen Sie einfach dann wieder, wenn Sie Zeit haben und wenn Sie sich überlegt haben, was Ihrer Mutter Freude bereiten würde. Sie sind hier nicht in einem Supermarkt, sondern in meinem Geschenkeladen und ich möchte nicht, dass Sie in so einer gestressten Stimmung bei mir ‚irgendwas' kaufen, wie Sie es vorhin ausgedrückt haben!"

Dem Mann verschlug es jetzt glatt die Sprache und er steckte sein Handy ein. Er machte das doch zu Weihnachten immer so. Und jedes Jahr hatte er „irgendwas" für seine Mutter erstanden. Die Sachen waren stets teuer gewesen. Und seine Mutter hatte sich nie beschwert. Was sollte das jetzt also?

Grußlos verließ er den Laden und fuhr nach Hause. Irgendwie wurde er aber doch nachdenklich und überlegte sich zum ersten Mal, womit er seiner Mutter zu Weihnachten Freude bereiten konnte. Am nächsten Morgen fuhr er wieder zu dem Geschäft. Die Ansage der alten Dame wollte er nicht auf sich sitzen lassen.

„Hier bin ich wieder! Und heute werden Sie mir hoffentlich ein Geschenk für meine Mutter verkaufen!"

Die alte Dame schmunzelte: „Ja, sehr gerne! Was möchten Sie Ihrer Frau Mama denn schenken?“

„Einen Zimmerbrunnen!“

Das war wirklich eine gute Idee, denn die Mutter liebte Zimmerbrunnen, und das Plätschern fand sie immer so beruhigend.

So kaufte der junge Mann doch noch etwas im Geschenkeladen der alten Dame. Die Mutter des jungen Mannes freute sich wirklich sehr über den Brunnen und dachte sich insgeheim: „Zum ersten Mal schenkt mir mein Sohn etwas, mit dem ich wirklich eine Freude habe!“

So war es immer im Geschenkeladen der alten Dame, und so wird es auch immer sein. Die Geschenke sollen den Menschen Freude bereiten, und die Käufer müssen bereit sein, sich Gedanken zu machen. Mit ihrer Verkaufsstrategie hatte die alte Dame zwar schon einige Kunden vergrault, jedoch viel mehr Menschen glücklich gemacht. Und das war für sie das Wichtigste.

21. Dezember
Heiliger Thomas, i bitt di!

Es war einmal ... vor langer, langer Zeit. Da war es auf den Bauernhöfen am Tag des heiligen Thomas Brauch, in die Zukunft zu schauen. Vor allem bei jungen Mädchen war es ein beliebter Tag für Liebesorakel.

So geschah es, dass eine junge Magd namens Vroni um Mitternacht ins Freie ging und sich einen Zwetschkenbaum suchte. Diesen rüttelte sie mit den Worten:

„Zwetschknbam, i schüttl di,
Sankt Thomas, i bitt di:
Lass dort a Hunderl belln,
wo sie mei Schatz tuat meldn!"

Damals lagen die Höfe weit auseinander, und so lauschte die Vroni in alle Richtungen. Und wirklich, jetzt hörte sie einen Hund bellen, und das Bellen kam vom Moarhof, das war eindeutig. Da freute sich die Vroni, denn auf dem Moarhof gab es einen Knecht, den Toni, der gefiel ihr recht gut. Ob das jetzt das richtige Zeichen war, dass sie der Toni im nächsten Jahr heiraten würde? Vroni bedankte sich beim Zwetschkenbaum, dass er bei ihrem Ritual geholfen hatte, und ging wieder ins Haus.

Die anderen Mägde versuchten derweilen einen Apfel in einem Stück zu schälen. Als sie damit fertig waren, warfen sie die Apfelschalen mit der linken Hand über die rechte Schulter und sahen dann nach, welchem Buchstaben die Schalenform ähnelte.

Viele Liebesbräuche gab es am Thomastag, doch die Vroni hatte dieses Jahr das Ritual mit dem Hundebellen ausprobieren wollen, denn beim Apfelschälen war sie nicht gar so geschickt. Und es brauchte schon Übung und Geduld, so einen Apfel in einem Stück zu schälen!

„Na Vroni, weißt du schon, wo dein Zukünftiger herkommt?"

„Ja, freilich weiß ich das, aber sagen tu ich es euch nicht, denn sonst kommt er nicht, das ist der Brauch!"

Die anderen Mädchen lachten und schälten fröhlich ihre Äpfel weiter.

Natürlich wussten auch die männlichen Wesen dieser Zeit Bescheid über die Liebesbräuche der jungen Mädchen. Und obwohl so mancher Knecht dieses Weiberzeugs verlachte, waren doch ein paar schlaue Burschen dabei, die den Thomastag für sich zu nutzen wussten. Einer davon war der Toni vom Moarhof. Und er war so gescheit, dass er um Mitternacht den Hofhund zum Bellen brachte, indem er ihm eine Wurst vor die Nase hielt. Jetzt hoffte er noch, dass ihn die Vroni gehört hatte. Vom alten Sepp erfuhr er tags darauf, dass das fesche Madl um Mitternacht noch draußen gewesen war. Was die Vroni dort gemacht habe, das wüsste er nicht, aber der Alte lächelte dabei so verschmitzt, dass sich der Toni schon auskannte.

In guter Stimmung machte er sich kurz vor Weihnachten auf den Weg, um der Vroni einen Besuch abzustatten. Sie freute sich und dankte dem heiligen Thomas, dass er ihr den hoffentlich Zukünftigen noch vor Weihnachten geschickt hatte. Denn jetzt war die Vroni am Zug. Sie lud den Toni ein, am 24. Dezember am Nachmittag wiederzukommen, dann würde er ihren Störibrotlaib anschneiden dürfen und was das bedeutete, war ja wohl klar. Denn früher war es Brauch, dass jedes weibliche Wesen am Hof von der Bäuerin am 24. Dezember einen Laib Störibrot geschenkt bekam. Den Burschen, den sie zum Anschneiden dieses Festtagsbrotes zu sich einlud, dem schenkte das Mädchen damit auch symbolisch seine Gunst. Ein schöner Brauch, der es den jungen Mädchen auf unverfängliche Weise erlaubte, den Burschen zu signalisieren, für wen ihr Herz schlug.

Der Toni kannte natürlich diesen Brauch und strahlte über das ganze Gesicht! Natürlich würde er am 24. Dezember zur Vroni kommen und bis dahin dachten die beiden ganz fest aneinander.

22. Dezember
Das Weihnachtsgeschenk

Es war einmal ... ein Weihnachtsgeschenk. Das lag in der Auslage eines Kaufhauses. Eigentlich war es ja gar kein richtiges Weihnachtsgeschenk, denn es bestand aus einem leeren Schuhkarton, der mit rotem Geschenkpapier verpackt und mit goldenen Bändern verziert als Attrappe ins Schaufenster gelegt worden war. So machten das viele Geschäfte in der Vorweihnachtszeit. Diese unechten Geschenke sollten die Menschen an Weihnachten erinnern beziehungsweise daran, Geschenke zu kaufen.

Am 23. Dezember wurde die leere Geschenkschachtel von einer Verkäuferin aus der Auslage genommen.

„Frau Chefin, kann ich die Schachtel hier haben?"

Die Chefin nickte, denn nach Weihnachten wurde das Schaufenster ja ohnehin umdekoriert.

Die Verkäuferin legte das Geschenk zu Hause unter den kleinen Christbaum. Es war das einzige. Es ging der Familie in diesem Jahr finanziell nicht so gut und so hatten die Erwachsenen beschlossen, heuer auf Geschenke zu verzichten. Ein kleiner Baum, ein schönes Essen, Lieder singen, Weihnachten gemeinsam mit ihren Lieben verbringen, das war es, was der Frau wichtig war.

Die Kinder waren schon größer und hatten heuer eine neue Skiausrüstung bekommen, die sie schon vor Weihnachten einweihen durften. So nahte der Weihnachtsabend und als der Mann das schön verpackte Geschenk unter dem Christbaum liegen sah, fragte er seine Frau: „Schatz, wir haben doch gesagt, dass wir uns heuer nichts schenken! Hast du nun doch etwas gekauft?"

„Keine Sorge, ich habe mich schon an unsere Abmachung gehalten, du bekommst von mir heuer nichts", antwortete die Frau.

Am 24. Dezember war es dann so weit. Die Frau überreichte ihrem Mann feierlich das schöne rote Geschenkspackerl mit den goldenen Bändern und wünschte ihm frohe Weihnachten.

„Ja, aber wir haben doch gesagt, wir schenken uns heuer nichts!“

„Schau einfach mal rein!“

Der Mann öffnete vorsichtig das Packerl und war verblüfft, als er feststellte, dass er eine leere Schuhschachtel in Händen hielt. Jetzt sah er seine Frau mit großen Augen an und wusste nicht, was das zu bedeuten hatte.

Die Frau lächelte: „Ich habe dir doch gesagt, dass ich dir heuer nichts schenke. Dieses Weihnachtspackerl soll ein Symbol dafür sein, dass wir dieses Jahr auf materielle Geschenke verzichten und trotzdem ein wunderschönes Weihnachtsfest miteinander verbringen können. Für mich ist es wichtig, dass ich mit dir und den Kindern Weihnachten feiern kann, ihr seid für mich das größte Geschenk!“

Mit diesen Worten umarmte sie ihren Mann und gab ihm einen innigen Kuss. Es wurde ein sehr schönes Weihnachtsfest, das der ganzen Familie noch lange in guter Erinnerung blieb.

23. Dezember
Wichtel Edeke und das Weihnachtswunder

„Warum gibt es eigentlich immer weniger Weihnachtswunder?“, fragte der kleine Wichtel Edeke im Wichtelunterricht. Die Wichtelklasse nahm gerade die Geschichte der Weihnachtswunder durch.

„Wichtel Edeke, hast du in der letzten Stunde nicht aufgepasst? Da haben wir doch gelernt, warum das so ist!“, entgegnete Frau Smörre, die Wichtellehrerin. Edeke dachte nach. „Nein, Frau Smörre, da habe ich gefehlt, da hatte mein Elch Karl die Weihnachtsgrippe.“

„Nun gut, dann wiederhole ich für dich noch einmal, wie ein Weihnachtswunder entstehen kann und warum es heutzutage nur noch so wenige davon auf der Erde gibt – oder noch besser, jemand von euch Wichtelkindern erzählt Edeke etwas darüber.“

Viele Wichtelkinder streckten nun Frau Smörre ihre Hände entgegen. „Ich, ich, ich, ich ...“, riefen sie. Frau Smörre entschied sich für das Wichtelmädchen WullaWulla. Es fuchtelte besonders heftig beim Aufzeigen herum und platzte schon fast vor Erzähldrang.

WullaWulla drehte sich zu Edeke um und begann: „Also Edeke, das ist so, ein Weihnachtswunder ist nur dann ein echtes Weihnachtswunder, wenn ein Mensch auch daran glaubt. Die Wunder fangen immer ganz klein an und können dann mit der Zeit – wenn sie erkannt werden – immer größer werden. Und noch etwas, die Menschen müssen die Wunder selbst erkennen, wir Wichtel dürfen da nicht nachhelfen.“

„Ja, und warum erkennen die Menschen die Weihnachtswunder nicht?“, fragte Edeke.

Frau Smörre versuchte es zu erklären: „Weil leider viele Menschen auf der Erde blind geworden sind für die kleinen Dinge und Wunder des Lebens und ihre Herzen dafür verschlossen haben, ohne es zu wissen.“

Wichtel Edeke rutschte ganz unruhig auf seinem Holzsessel herum, er wollte

unbedingt etwas für die Verbesserung der Weihnachtswunder tun.

„Frau Smörre, wir fliegen ja morgen auf die Erde zu den Menschen, darf ich es versuchen, mit einem kleinen, einfachen Weihnachtswunder?“

„Aber natürlich!“, Frau Smörre lächelte. „Dafür sind wir Wichtel ja da!“

Am nächsten Tag flog die Wichtelklasse mit dem großen Schulschlitten zur Erde. Jedes Wichtelkind durfte sich zum Weihnachtswunder-Üben ein Menschenkind aussuchen. Bei den Kindern geht es grundsätzlich noch einfacher, sie glauben noch eher an ein Wunder als die Erwachsenen.

Edeke entschied sich für den kleinen Florian. Der mühte sich gerade damit ab, einen Schneemann zu bauen. Da es jedoch nicht besonders viel Schnee gab, sah der Schneemann, den er gebaut hatte, ziemlich armselig aus. Traurig stand der Junge in seinem Garten und murmelte vor sich hin: „Ach, wenn es doch mehr Schnee gäbe, dann könnte ich einen viel schöneren und viel größeren Schneemann bauen!“

Als Wichtel Edeke das hörte, kam ihm eine Idee für sein erstes kleines Weihnachtswunder. Edeke nahm sein Wunderbuch zur Hand, schlug unter „Schnee“ nach und fing gleich damit an, eine dicke, fette Schneewolke zu basteln. Als er damit fertig war, hing die Wolke genau über dem Garten von Florians Haus. Edeke klatschte drei Mal in die Hände und schon fing es an zu schneien. Nach ungefähr drei Stunden war die Wolke leergeschneit und der Garten mit einem halben Meter Schnee bedeckt.

Alle Kinder der Straße kamen nun gelaufen und bestaunten die ungewöhnliche Schneepracht in Florians Garten. Gemeinsam bauten sie einen großen Iglu und gleich eine ganze Schneemannfamilie. Eine wilde Schneeballschlacht ging sich schließlich auch noch aus.

Florian war überglücklich, sein Garten glich einem Schneeskulpturen-Park. Ganz laut und deutlich sagte der Junge nun etwas, das unseren Wichtel Edeke sehr, sehr freute: „Das muss ein Weihnachtswunder sein! So viel Schnee hatten wir zu Weihnachten ja noch nie!“

Florian hatte das „kleine“ Weihnachtswunder erkannt. Und jetzt stand einem noch größeren Wunder nichts mehr im Weg.

24. Dezember
Der heilige Wald

Es war einmal in einer Christnacht, da gingen die Leute vom Dorf von der Mette nach Hause zurück auf ihre Höfe. Die Menschen wohnten weit verstreut und so kam es, dass eine Bauernfamilie samt Gesinde und Kindern durch den Wald nach Hause marschierte, weil dieser Weg kürzer und es eine gar so schöne Nacht war. Es lag Schnee und man konnte den Weg gut sehen. Die Kinder Peter und Annerl liefen immer schon voraus und freuten sich, weil Weihnachten war.

Doch plötzlich sah das Annerl vom Wegesrand aus etwas. Sie blieb stehen und schaute wie gebannt in den Wald hinein. „Was siehst du denn?", fragte Peter vergnügt und blieb jetzt auch stehen, weil er wissen wollte, warum das Schwesterchen so konzentriert in eine Richtung starrte.

„Ja, siehst du denn die vielen bunten Blumen dort nicht?"

Jetzt sah auch Peter die Blumenpracht. Die Kinder blickten sich an und liefen ganz schnell den bunten Farben entgegen. Was sie jetzt sahen, übertraf ihre kühnste Vorstellung: Da war eine schneefreie Lichtung, alles blühte und wucherte in den prächtigsten Farben. Nie gesehene Pflanzen standen neben Tannenbäumen und Waldfarnen und alle Tiere des Waldes hatten sich hier versammelt und waren friedlich miteinander.

Jetzt horchten das Annerl und der Peter, denn es hieß ja, dass man in der Christnacht die Tiere reden hören kann. Und wirklich, die Rehe sprachen mit den Hasen und die Füchse mit den Krähen. So harmonisch war es hier, so warm und so wunderschön. Die Kinder hatten ganz vergessen, wo sie waren und dass sie eigentlich von der Christmette nach Hause gehen wollten. Da kam ein Weihnachtsengel geflogen und erinnerte die beiden sanft daran, dass es Zeit war, sich auf den Heimweg zu machen.

Die Bauersleute suchten schon nach den Kindern und machten sich große

Sorgen. Denn während Peter und Annerl ihren Aufenthalt im heiligen Wald wie einen kurzen Augenblick empfanden, waren im anderen Teil des Waldes bereits viele Stunden vergangen.

Als die Kinder den elterlichen Hof erreichten, strahlten sie und erzählten von ihren wundersamen Erlebnissen. Natürlich wollte ihnen niemand Glauben schenken. Nur die Großmutter wusste noch, dass es einen Teil im Wald gab, der in der Christnacht Jahr für Jahr heiligen Besuch bekam. So freuten sich Annerl und Peter ein Leben lang über diese wundersame Begegnung und erzählten noch ihren Kindeskindern davon, damit der heilige Wald nicht in Vergessenheit gerate.

Weihnachtsmärchen

Der Weihnachtsbesuch

Es war einmal ... an einem Weihnachtsabend. Die Familie hatte gerade mit der Bescherung begonnen, als es an der Tür klingelte. Die Mutter rollte mit den Augen, wer konnte das denn sein? Wer wagte es, an einem 24. Dezember unangemeldet vor der Tür zu stehen? Der Vater wurde dazu bestimmt, die Haustür zu öffnen. Doch alle anderen Familienmitglieder waren neugierig und gingen mit. Vor der Tür stand ein junges Paar, die Frau war hochschwanger. Ihr Auto war im dichten Schneetreiben stecken geblieben und so hatten sie versucht, zu Fuß weiterzukommen. Das erste Licht, das sie von der Straße aus gesehen hatten, drang aus dem Haus jener Familie, deren Bescherung sie nun „gestört" hatten.

Der Vater überlegte nicht lange und ließ die beiden ein. Die Mutter bot ihnen das Gästezimmer an und dachte nun gar nicht mehr daran, dass das Weihnachtsfest unterbrochen worden war. Nur die Kinder fanden das jetzt nicht so toll, sie wollten weiter ihre Geschenke auspacken und mit den neuen Spielsachen spielen.

Die Großmutter nahm die Enkel beiseite und erzählte ihnen die Weihnachtsgeschichte, so wie sie sich damals vor über 2000 Jahren in Bethlehem zugetragen haben soll. Auch Maria und Josef waren unterwegs gewesen und hatten eine Bleibe für die Nacht gesucht, und weil ihnen niemand eine Herberge geben wollte, übernachteten sie schließlich in einem Stall, in dem auch das Jesuskindlein geboren wurde.

Die Kinder horchten aufmerksam zu, sie kannten die Geschichte, die sie immer wieder gerne hörten. „Und seht ihr, heute ist Weihnachten, und genau heute haben zwei Menschen an unsere Tür geklopft, weil sie in Not geraten sind. Und wer weiß, vielleicht bringt die junge Frau heute Nacht ein Baby zur Welt und wir können uns freuen, dass wir ihnen eine gute Unterkunft gewähren durften."

Die Kinder dachten nach, ja, das war schon ein seltsamer Zufall, dass genau zu Weihnachten eine hochschwangere Frau zu ihnen ins Haus kam, die musste das Christkind zu ihnen geschickt haben, und deswegen freuten sie sich auch über die Gäste, mit denen sie nun gemeinsam Weihnachten feiern wollten.

Wie sich herausstellte, wohnte das junge Paar auf einem abgelegenen Hof und betrieb dort eine kleine Biolandwirtschaft. Ihr Kind sollte eigentlich eine Hausgeburt werden, aber durch den vielen Schnee konnte die Hebamme nicht kommen. So fuhren sie schließlich selbst mit dem Auto los, als die ersten Wehen einsetzten. Weit kamen die beiden nicht, schon bald blieben sie selbst im Schnee stecken. Doch nun waren sie ja Gott sein Dank in Sicherheit.

In der Zwischenzeit hatten die Wehen der jungen Frau aufgehört und so beschloss das Paar, die heilige Nacht bei der gastfreundlichen Familie zu verbringen.

Am nächsten Tag hatte sich die Wettersituation beruhigt und nach einem gemeinsamen Frühstück brachte der Vater das Pärchen zu deren Auto, das ein paar hundert Meter weiter im Schnee stecken geblieben war und am Straßenrand stand. Der Schneepflug hatte dafür gesorgt, dass die Straßen wieder frei befahrbar waren und so machten sich die jungen Leute schließlich auf den Weg ins Krankenhaus in der Stadt.

Die ganze Familie freute sich über dieses besondere Weihnachtserlebnis und noch lange Jahre später sprach man von jener Christnacht, in der die Herbergssucher vor der Tür standen.

Die kleine Schneeflocke

Es war einmal ... eine kleine Schneeflocke, die schneite es – so wie viele Milliarden andere Schneeflocken – eines schönen Wintertages vom Himmel herab. Diese eine Schneeflocke war, so wie ihre vielen Milliarden Schneeflocken-Kolleginnen und -Kollegen auch, etwas ganz Besonderes. Denn jede einzelne Schneeflocke ist einzigartig, wunderschön anzusehen und ein kleines Kunstwerk für sich.

Unsere besondere Schneeflocke hatte das Glück, an der hell erleuchteten Fensterscheibe eines Hauses vorbeizuschneien und wurde neugierig. Schneeflocken können ihren Fall selbst steuern, sie kommen aus freien Stücken zu uns auf die Erde, und manche landen eben besonders gerne auf Fensterscheiben.

Es war klirrend kalt und so konnte die kleine Schneeflocke die Glasscheibe erreichen, ohne sich dabei gleich in Wasser aufzulösen. Was sie jetzt sah, erfreute das frisch geschneite Flöckchen sehr. In diesem Haus wurde gerade das Weihnachtsfest gefeiert, die ganze Familie war rund um den Christbaum versammelt, Kerzen brannten und die Kinderaugen wurden immer größer und strahlender.

Die kleine Schneeflocke war hellauf begeistert, schon oft hatte sie in den Wolken von Weihnachten gehört und dass sich die Menschen zu dieser Zeit besonders über den Schnee freuten. Das war jetzt eine ganz große Sache, die Weihnachtsfeierlichkeiten von der Fensterscheibe aus zu beobachten. Das sollten auch die anderen Schneeflocken sehen!

Und so kam es, dass die Fensterscheibe bald ganz und gar zugeschneit war. Die Menschen im Inneren des Hauses merkten nichts von dem seltsamen Schneetreiben. Doch als am nächsten Morgen der kleine Simon aus dem Wohnzimmerfenster schauen wollte, sah er nur noch Schnee.

Eigenartig, dachten sich die Erwachsenen, es gab doch gestern gar keinen Sturm in der Nacht, und rund um das Haus waren auch keine Schneeverwehungen zu sehen, nur dieses eine Fenster war vollkommen zugeschneit. Nachdem der viele Schnee entfernt war, und das Fenster wieder eine Aussicht ins Freie bot, entdeckte der kleine Simon noch etwas. Mit offenem Mund stand er staunend vor der Glasscheibe, auf deren Außenseite sich am Vorabend viele Millionen Schneeflöckchen vor lauter Weihnachtsfreude so angeordnet hatten, dass sie alle zusammen das Bild einer riesigen Schneeflocke ergaben.

Die ganze Familie freute sich über dieses besondere Kunstwerk und da es noch einige Zeit sehr kalt war, blieb das schöne Fensterbild lange erhalten.

Weihnachten einmal anders

Es war einmal ... am Tag des Weihnachtsfestes. Wie jedes Jahr bereitete die Mutter des Hauses das Festessen vor und begann schon in den frühen Morgenstunden, mit dem riesengroßen Truthahn zu hantieren. Auch das leckere Beiwerk wie Semmelfülle und Blaukraut sollte vorbereitet werden. Es gab alle Händevoll zu tun.

Doch leider schnitt sich die gute Frau beim Blaukrautzerkleinern so böse in den Finger, dass der Vater sogleich mit ihr ins Krankenhaus fuhr, weil die Wunde genäht werden musste. Gott sei Dank war es keine wirklich schlimme Verletzung, doch die Mutter war für diesen Weihnachtstag küchentechnisch außer Gefecht gesetzt.

Tochter und Vater mussten nun den Küchendienst übernehmen und das gestaltete sich gar nicht so ungefährlich. Die Mutter führte das Kommando und die beiden „Nothelfer" gaben ihr Bestes.

Zeitlich war man natürlich auch schon etwas in Verzug, aber das störte niemanden, Hauptsache, die Mutter war ärztlich gut versorgt. Doch jetzt ging es an die Versorgung des Truthahnes. Dieser große Vogel, welcher der Familie jeden Heiligen Abend gar so gut schmeckte, sah in rohem Zustand etwas grausig aus, fanden nun Vater und Tochter und verzogen das Gesicht, als sie den Puter mit Semmelfülle ausstopften. Die Mutter musste schmunzeln, es war wohl gar nicht so schlecht, dass die beiden einmal hautnah erlebten, was sich sonst zu Weihnachten so alles in der Küche abspielte.

Natürlich wäre die Mutter immer wieder am liebsten aus ihrer Zuseherposition aufgesprungen und hätte ihrem Mann und der Tochter gern den Truthahn, das Blaukraut und vieles mehr aus der Hand genommen, weil sie gewusst hätte, wie es schneller, besser oder einfach anders ging, aber heute nicht. Der dicke Verband um ihre rechte Hand hinderte sie daran einzugreifen, und so gab sie ihre Anweisungen mündlich und hoffte das Beste.

Vater und Tochter bemühten sich wirklich und schufteten den ganzen 24. Dezember lang. Heuer würde die Bescherung wohl etwas später stattfinden und das Essen sowieso.

Endlich war es so weit, der Truthahn durfte aus dem Ofen und wartete darauf, zerteilt zu werden. Natürlich übernahm das jetzt der Vater. Mit dem größten Messer, das er in der Küche finden konnte, ging er nun auf den Truthahn los. Die Mutter konnte das gar nicht mit ansehen, zu gefährlich sah das jetzt für sie aus. Und wirklich, der Vater rutschte mit dem Messer ab und schnitt sich auch noch in den Finger. Zum Glück war es nur eine Kleinigkeit im Vergleich zu dem tiefen Schnitt, den sich die Mutter in der Früh zugezogen hatte. Ein kleines Pflaster versorgte die Wunde des Vaters und weiter ging es im weihnachtlichen Kücheneifer.

Mittlerweile versuchte die Tochter, den Truthahn zu zerteilen und es gelang ihr recht gut. Die Mutter war schließlich zufrieden mit ihren Küchenhelfern und so konnte das Weihnachtsessen beginnen.

Weihnachten war in dieser kleinen Familie immer schön gewesen, aber noch nie gab es so ein Miteinander, so eine gemeinschaftliche Weihnachtsaktion. Wie selbstverständlich bereitete die Mutter jedes Jahr das Weihnachtsessen zu. Und sie tat das auch wirklich sehr gerne, doch war es einmal gar nicht so schlecht, dass Mann und Tochter wussten, wie viel Arbeit dahinter steckte, bevor der gebratene Vogel auf dem gedeckten Weihnachtstisch landete.

Das Treffen der Christbäume

Es war einmal ... nach Weihnachten. Da hatten viele Christbäume ihre Aufgabe erfüllt und wurden zu Sammelstellen gebracht. Manche kamen schon ein paar Tage nach Weihnachten dorthin, andere erst später und manche Bäume hatten das Glück, sogar bis zu Maria Lichtmess am 2. Februar in den Wohnungen der Menschen stehen zu dürfen.

Die meisten Bäume trafen sich dort jedoch rund um den 6. Jänner. Viel hatten sie zu erzählen, und manche kannten sich schon vom Christbaummarkt. Ein ganz kleines Bäumchen wurde nun zu der Sammelstelle gebracht, es war noch sehr schön grün und es hatte kaum Nadeln verloren. Es sah aus, als würde es gerade frisch aus dem Wald kommen. Die anderen Christbäume wunderten sich, warum der kleine Baum noch so schön war und dieser verriet ihnen sein Geheimnis:

„Ich war gar nicht als Christbaum im Einsatz, ich habe mein Dasein in den letzten zwei Wochen auf einem Balkon gefristet und sehe deswegen noch so frisch aus, weil ich nicht so wie ihr in einer warmen Wohnung gestanden bin!“

„Ja, aber warum warst du denn kein Christbaum? Du wurdest doch als einer gekauft, ich hab dich doch gesehen, du bist doch einer von den süßen Kleinen, dich hat ein junger Mann gekauft!“, sprach eine mittelgroße Nordmanntanne.

„Ja, ja, das stimmt schon, doch als mich dieser junge Mann kurz vor Weihnachten zu seiner Freundin nach Hause gebracht hat, fing diese sogleich zu weinen an, als sie mich sah!“

„Ja, aber so hässlich bist du ja gar nicht, du siehst doch hübsch aus!“

„Es ging eher um meine Größe, sie fand, dass es kein richtiges Weihnachten sei, mit so einem kleinen Baum wie mir. Und stellt euch vor, diese Frau stellte sogar ihre Liebesbeziehung in Frage, nur weil ich ihr als Christbaum nicht groß genug war.“

„Die Menschen sind schon seltsam – glauben, dass man die Liebe mit Geschenken und großen Bäumen ausdrücken kann!“, sagte eine große Nordmanntanne, die in den vergangenen zwei Wochen schon viele Nadeln verloren hatte.

„Und wie ging es dann weiter?“, wollte eine Fichte wissen.

„Ich wurde also auf den Balkon gestellt und konnte von dort aus zusehen, wie sich die Menschen darüber stritten, wie groß ein Weihnachtsbaum zu sein hat. Die Frau hat dann irgendwann gewonnen, und der Mann ist noch einmal losgegangen und hat einen wirklich großen Baum gekauft. Doch dieser Baum war dann leider so groß, dass er nicht mehr in die Wohnung passte, und so leistete er mir bald Gesellschaft auf dem Balkon. Der Nachbar wurde gebeten, mit seiner Motorsäge den Baum so zurechtzuschneiden, dass er auch ins Wohnzimmer passen würde. Dieser kam und hatte irgendwie falsch verstanden, wo er den Baum absäbeln sollte, und so schnitt er ihn nicht unten, sondern oben am Wipfel ab, und der Baum sah danach aus, als hätte er einen Unfall gehabt. Das gab gleich wieder einen Streit, natürlich erst, als der Nachbar weg war. So wurde der wirklich übel zugerichtete Tannenbaum in der Wohnung aufgestellt und notdürftig geschmückt. Auch die schönen Kugeln und Lichterketten konnten nicht mehr darüber hinwegtäuschen, dass dieser Baum zerstört worden war, ein Christbaum ohne Wipfel, das ist einfach nur traurig!"

Da stimmten sofort alle Christbäume in der Sammelstelle zu.

„Schließlich wurde dieser arme Weihnachtsbaum nach zwei Tagen schnell wieder abgeschmückt und entsorgt. So war das. Und auf mich haben sie dann ganz vergessen, und deshalb kam ich erst heute hierher."

Eine wirklich traurige Geschichte! Jetzt begannen auch die anderen Christbäume von ihren Weihnachtserlebnissen bei den Menschen zu erzählen, aber keines war so schrecklich wie jenes des kleinen Baumes.

Am nächsten Tag kam ein kleines Mädchen zu der Sammelstelle gelaufen und konnte es gar nicht fassen, dass da jetzt so viele Christbäume auf einmal standen und es die jetzt alle gratis gab, da sie ja keiner mehr haben wollte. Nach der Schule besuchte die Kleine die Bäume erneut und spielte nun in ihrem ganz persönlichen Christbaumwald. Die Christbäume freuten sich, dass das Kind sie entdeckt hatte, und genossen die Gesellschaft. Bereits morgen würden sie abgeholt werden, hatte die Mama des Mädchens gesagt, doch den kleinen Tannenbaum da, den wollte das Mädchen mit nach Hause nehmen, der sah ja auch noch so schön grün und frisch aus!

So schnappte sich das Mädchen den putzigen kleinen Christbaum, der ja eigentlich gar keiner gewesen war, und nahm ihn mit in den eigenen Garten. Hier bekam er einen schönen Platz.

Die anderen Christbäume freuten sich, dass der kleine Grüne nun doch noch eine besondere Verwendung fand, und so verabschiedeten sie sich von ihm mit den besten Wünschen, die man sich für einen Tannenbaum vorstellen kann.

Die vergessenen Kekse

Es war einmal ... ein paar Tage nach Weihnachten, da wurde es einfach nicht mehr hell in der Keksdose. Niemand öffnete sie mehr und die Kekse darin machten sich große Sorgen, ob sie denn jemals verspeist werden würden.

Man könnte denken, dass sich Kekse vor dem menschlichen Verzehr fürchten, aber ganz im Gegenteil: Die Bestimmung dieses Backwerks ist der – meist vorweihnachtliche – Genuss und darauf freuen sich alle Kekse.

Manche von ihnen schließen sogar Wetten ab, wenn sie auf dem Keksteller liegen, wer wohl als Erstes verschmaust und ob nach dem Rezept gefragt würde, wenn es sich um Besucher handelte. So viel zur Keksgeschichte.

Aber was sollte nun aus den vergessenen Keksen werden? Traurig lagen sie in der finsteren Keksdose aufeinander. Sieben Kokosbusserl, fünf Lebkuchen in Sternform und drei Linzer Augen.

„Ach, wären wir doch ein Vanillekipferl geworden", jammerten die Kokosbusserl, „dann wären wir schon längst vernascht worden und müssten nicht hier sinnlos in der finsteren Keksdose herumlungern!"

Die stolzen Linzer Augen waren da ganz anderer Meinung, viel zu lange währte ihre Rezepttradition, als dass sie sich gewünscht hätten, Vanillekipferl zu sein. Die Lebkuchen hofften noch, vielleicht im nächsten Jahr als Baumbehang Verwendung zu finden, doch konnte niemand mit Sicherheit sagen, ob sich ihre Hoffnung jemals erfüllen würde.

Tage vergingen, und die Kekse fingen vor lauter Langeweile schon an zu bröseln. Die Linzer Augen ermahnten die Lebkuchen, sie sollen sich zusammenreißen, was, wenn sie doch noch zum Einsatz kämen und die Menschen dann nur noch einen Haufen Brösel vorfinden würden?

So begannen die Kekse, von früher zu erzählen, von der guten alten Zeit, als an Weihnachten niemals Kekse übrig blieben und die Kekswelt noch in Ordnung war.

Die Linzer Augen blickten traurig drein und die Kokosbusserl wurden schon ganz hart vom vielen Ärgern, dass sie es nicht auf einen Keksteller geschafft hatten.

Doch dann geschah das Kekswunder: Eines Nachts kamen die Lebkuchensterne auf die glorreiche Idee, die Keksdose von innen zu öffnen. Die Linzer Augen waren skeptisch und den Kokosbusserln schmeckte das gar nicht. Doch die Lebkuchen waren guter Dinge, und so sprang einer auf den anderen, um den Deckel der Keksdose zu erreichen. Mit vereinten Kräften schafften sie es, die Keksdose zu öffnen. Die anderen Kekse staunten nicht schlecht. „Und was jetzt?", motzten die Linzer Augen. „Ihr werdet sehen, wenn uns die Menschen erst wieder zu Gesicht bekommen, dann werden sie auch wieder Lust haben, uns zu essen", entgegneten die Lebkuchen überzeugt. Auch die Kokosbusserl schöpften nun wieder Hoffnung.

Am nächsten Morgen war die Mutter des Hauses die Erste in der Küche und wollte gerade das Frühstück vorbereiten.

„Wer hat denn die Keksdose offen gelassen?", rief sie.

Keine Antwort.

„Eigentlich schade um die guten Kekse", dachte sie und nahm das weihnachtliche Backwerk sachte aus der metallenen Dose, um es auf einen schönen, mit goldenen Sternen verzierten Porzellanteller zu legen.

Als die Mutter den Teller mit den vergessenen Weihnachtskeksen auf den Frühstückstisch stellte, waren die Kekse selig und eh sie sichs versahen, waren sie schon in die Münder der Kinder gewandert. Also hatten die Kekse durch die beherzte Aktion der Lebkuchen doch noch ihre Bestimmung gefunden. Kekse gut, alles gut!

Die Weihnachtsumfrage

Es war einmal ... kurz nach Weihnachten, da waren alle Geschenke ausgepackt und die Verwandtenbesuche erledigt. „Ist Weihnachten denn schon wieder vorbei?“, fragte die kleine Paula und konnte es kaum glauben. „Ja freilich, du spielst ja schon mit deinen neuen Spielsachen, die du vom Christkind bekommen hast!“ Die Mutter war wie jedes Jahr froh, dass die Feiertage vorüber waren, denn die meiste Arbeit blieb immer an ihr hängen.

Die ältere Tochter mischte sich ein: „Wir machen heuer eine Projektarbeit in der Schule und versuchen herauszufinden, was den Menschen an Weihnachten gefällt und was nicht. Nachdem vor Weihnachten niemand für unsere Umfrage Zeit hatte, möchten wir das Projekt jetzt nach Weihnachten abschließen.“

Die Mutter dachte nach: Was gefiel ihr denn an Weihnachten? Sie mochte es, dass sich die Kinder so freuten, und ... hoppla, die positiven Gründe waren doch etwas mager. Ob sie das ihrer Tochter erzählen sollte? Besser nicht, denn die Liste der Gründe, was ihr an Weihnachten nicht so gut gefiel, wäre um einiges länger ausgefallen. „Weißt du was, Heike, du fragst einfach deine kleine Schwester!“

Heike war enttäuscht, zu gern hätte sie die Mutter zu diesem Thema interviewt. Aber diese wollte sich jetzt ernsthaft Gedanken darüber machen, ob ihr denn am Weihnachtsfest nicht doch noch etwas anderes gefiel. Die Geschenke? Nein, die waren es nicht. Die Familientreffen? Nein, da waren auch immer wieder ein paar Menschen dabei, auf die sie an Weihnachten – und auch sonst – ganz gerne hätte verzichten können. Die Vorbereitungszeit auf das Fest der Feste? Auch nicht, das war einfach eine viel zu stressige Zeit. Die Weihnachtsfeiern vor Weihnachten? Nein, denn die hatten eigentlich nicht mehr viel mit Weihnachten zu tun.

Jetzt dachte die Mutter zurück, wann Weihnachten aufgehört hatte, ihr Freude zu bereiten. Da fiel es ihr wieder ein. Vor ein paar Jahren, da waren die Mädchen noch kleiner und sie wollte eigentlich nur mit ihrer eigenen Familie den Heiligen Abend zu Hause verbringen. Doch in jenem Jahr war das alljährliche Verwandten-Weihnachtsessen bei ihnen zu Hause geplant; sie bekochte zehn Leute und alles ging schief. Das war das schrecklichste Weihnachtsfest aller Zeiten. Und seit diesem Zeitpunkt ging ihr Weihnachten eigentlich so richtig auf den Keks! Und alle Jahre wieder ... der ganze Stress vor dem Fest! Nein, das war eigentlich alles gar nicht im Sinne von Weihnachten. Doch wie konnte sie das in Zukunft ändern?

Die Mutter beschloss, sich doch noch für das Schulprojekt befragen zu lassen und ehrlich zu antworten.

Auf die Frage, was ihr an Weihnachten gefiele, besann sich die Mutter auf ruhigere Zeiten und sagte: „Die Vorfreude, das Mettengehen, der Christbaum, die persönlichen Geschenke, die Familie, die strahlenden Kinderaugen, die Hoffnung, dass alles wieder gut werden kann, die gemeinsame Zeit, die Feiertage, das Singen unterm Christbaum" – und noch vieles mehr fiel der Mutter jetzt ein. Was sie an Weihnachten störte, war: „Der Stress in der Vorweihnachtszeit, die viel zu vielen Termine, die viel zu vielen Weihnachtsbesuche, die viel zu vielen Geschenke, das viel zu viele Essen" – es war einfach alles viel zu viel!

Die Mutter hatte es auf den Punkt gebracht. Die Tochter war zufrieden und die Mutter schrieb noch am selben Tag nieder, was sie im nächsten Jahr an ihrem persönlichen Weihnachtsfest ändern wollte. Als Mutter hatte sie nicht nur das Weihnachtsfest im Griff, sondern konnte auch Veränderungen vornehmen.

Vielleicht einfach mal über Weihnachten auf Urlaub fahren? Oder den Heiligen Abend nur mit den eigenen Kindern und dem Mann verbringen? Weniger Geschenke kaufen, weniger Termine ausmachen, weniger essen und trinken. Das klang jetzt schon alles sehr, sehr fein und bis zum nächsten Jahr war ja noch Zeit, da konnte sie sich überlegen, wie sie „ihr" Weihnachten gestalten konnte, dass die Freude über das Fest der Feste wieder größer war als der alljährliche Weihnachtsstress.

Schlussbemerkung

Das Buch endet hier, jedoch nicht Ihre Erfahrungen rund um das Weihnachtsfest. Ich freue mich über Ihr Feedback und Ihre Gedanken zum Buch. Wenn Sie mich daran teilhaben lassen möchten, dann schreiben Sie mir unter *DieMaerchenfee@gmail.com* eine E-Mail oder besuchen Sie mich unter *www.diemaerchenfee.at* auf meiner Homepage.

Märchenhafte Grüße sendet Ihnen

Ihre
Nina Stögmüller

Nina Stögmüller

Foto: Robert Versic

Geboren 1972, lebt in Linz. Die begeisterte Schreiberin und Buchautorin arbeitet seit 1993 im Pressebereich. Seit 2008 ist Nina Stögmüller Pressesprecherin der oberösterreichischen VKB-Bank und leitet hier den Bereich Presse & PR. Sie schreibt neben Märchen und Kurzgeschichten auch Gedichte und Kochrezepte. 2012 ist das erste Lese- und Märchenbuch für Erwachsene *Raunächte erzählen* erschienen. 2013 folgte *Mondnächte erzählen*. Weitere Infos unter *www.diemaerchenfee.at*

Literatur:

Gajek, Esther: *Adventskalender. Von den Anfängen bis zur Gegenwart*, Süddeutscher Verlag, München 1996
Fochler, Rudolf: *Von Neujahr bis Silvester*, Oberösterreichischer Landesverlag, Linz 1971
Assmann, Dietmar: *Weihnachtliches Brauchtum in Oberösterreich*, Ausstellungskatalog Stift Reichersberg, 1980
Sachslehner, Johannes: *Weihnachten im alten Wien*, Edition Wien in der Pichler Verlag GmbH, Wien 1999
Kriechbaum, Reinhard: *Weihnachtsbräuche in Oberösterreich*, Verlag Anton Pustet, Salzburg 2010
Stögmüller Nina: *Raunächte erzählen*, Verlag Anton Pustet, Salzburg 2012

Impressum

Bibliografische Information der Deutschen Nationalbibliothek
Die Deutsche Nationalbibliothek verzeichnet diese Publikation
in der Deutschen Nationalbibliografie; detaillierte bibliografische
Daten sind im Internet über http://dnb.d-nb.de abrufbar.

Titelfoto: Tanja Kühnel
Innenillustrationen: © katarina_1 2014, mit Genehmigung von Shutterstock.com

Grafik, Satz und Produktion: Tanja Kühnel
Lektorat: Martina Schneider
Druck: Druckerei Theiss, St. Stefan im Lavanttal
Gedruckt in Österreich

ISBN 978-3-7025-0764-0

www.pustet.at